ブルーガイド
てくてく歩き ⑭

長崎
ハウステンボス
有田・伊万里

目次　てくてく歩き ── 長崎・ハウステンボス・有田・伊万里

Page　Contents
- 4　目的地さくいん地図
- 6　ベストシーズンカレンダー
- 8　新たな長崎を発見する旅へ

長崎

- 16　長崎
- 26　[てくさんぽ]出島〜丸山
- 28　[てくさんぽ]眼鏡橋〜風頭公園
- 30　[てくさんぽ]オランダ坂〜グラバー園
- 32　長崎の「見る＆歩く」
- 44　"じげもん"がこよなく愛す「ちゃんぽん」
- 46　和洋中のハーモニー「しっぽく」
- 48　長崎の「食べる」
- 54　長崎の「買う」
- 55　長崎の味を買う
- 56　長崎みやげ

- 61　島原
- 63　雲仙
- 65　小浜

ハウステンボス　佐世保 平戸

- 68　ハウステンボス
- 72　ハウステンボスの四季
- 74　ハウステンボスの「見る＆歩く」
- 79　ハウステンボスの「食べる」
- 80　ハウステンボスの「買う」
- 82　ハウステンボスの「宿」

- 83　佐世保

87	平戸
88	［てくさんぽ］平戸
90	平戸の「見る＆歩く」
91	平戸の「食べる＆買う」

嬉野・武雄 有田
伊万里 唐津 呼子

94	海を渡ってきた陶工たち
96	嬉野・武雄
99	有田
100	有田の「見る＆歩く」
102	［てくさんぽ］有田
104	伊万里
106	吉野ヶ里遺跡
108	唐津
111	呼子

旅のプランニング

114	［旅の準備のアドバイス］① 長崎への行き方
116	［旅の準備のアドバイス］② エリア内の交通
118	［旅の準備のアドバイス］③ エリア内の移動術
119	宿泊ガイド
121	さくいん
122	長崎～福岡広域図
124	福岡・佐賀広域図
126	長崎・ハウステンボス広域図

てくちゃん

てくてく歩きシリーズの案内役を務めるシロアヒル。趣味は旅行。旅先でおいしいものを食べすぎてほぼ飛ぶことができなくなり、徒歩と公共交通機関を駆使して日本全国を気ままに旅している。

●宿泊施設の料金は、ホテルの場合、おもなタイプの部屋の室料（税・サービス料込み）です。食事付きの旅館などの場合は、平日1室2名利用で1人あたりの最低料金を表示しています。
Ⓢはシングルルーム、Ⓣはツインルーム、Ⓦはダブルベッドルームで、ともに室料を示します。
●各種料金については、税込みのおとな料金を載せています。
●店などの休みについては、原則として定休日を載せ、年末年始、お盆休みなどは省略してありますのでご注意ください。LOと表示されている時間は、ラストオーダーの時間です。
●この本の各種データは2018年4月現在のものです。これらのデータは変動する可能性がありますので、お出かけ前にご確認ください。

MAP 目的地さくいん地図

長崎・平戸・有田を旅する前に、大まかなエリアと注目の観光スポットがどこにあるのかこの地図で全体をつかんでおこう。

- 90 平戸オランダ商館
- 90 松浦史料博物館
- 91 聖フランシスコ・ザビエル記念聖堂
- 91 平戸城
- 91 最教寺

生月島　87 平戸●
たびら平戸口駅

[長崎]
西洋・中国・日本が
織り成す国際都市
P.16

[島原・雲仙]
温泉めぐりと
水豊かな城下町
P.61

- 85 西海パールシーリゾート
- 海上自衛隊佐世保史料館 85

長崎県

[ハウステンボス]
テーマパークには
ヨーロピアンが溢れる
P.68

[佐世保]
バーガーを頬張り
アメリカングラフティを
P.83

- 32 眼鏡橋
- 32 諏訪神社
- 32 長崎歴史文化博物館
- 34 長崎市亀山社中記念館
- 35 風頭公園
- 35 浜町アーケード
- 35 思案橋・丸山界隈
- 35 崇福寺
- 36 新地(中華街)
- 36 出島
- 38 大浦天主堂
- 38 グラバー園
- 40 オランダ坂
- 41 東山手洋風住宅群
- 41 孔子廟
- 42 原爆落下中心地
- 42 長崎原爆資料館
- 42 平和公園
- 42 浦上天主堂

[平戸]
豊かな海の幸と
文化と歴史が光る町
P.87

[嬉野・武雄]
九州有数の名湯で
しっぽりと
P.96

[有田]
焼き物好きなら
一度は訪れたい
P.99

[唐津]
おもてなし豊かな
明るく涼やかな城下町
P.108

ベストシーズンカレンダー

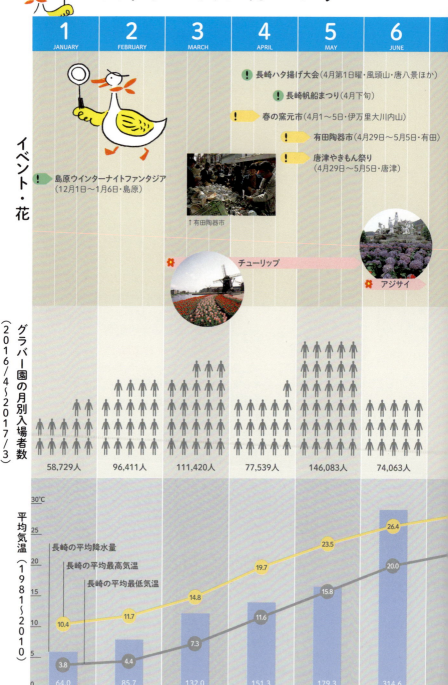

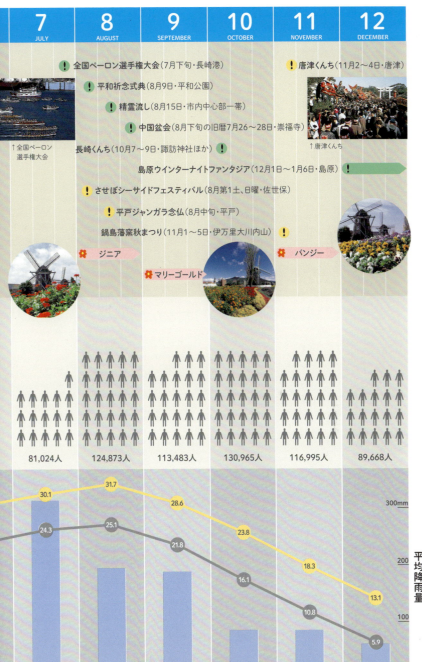

～目線を変えたらこんな街だった～
新たな長崎を発見する旅へ

佐世保・九十九島エリア

長崎県は面積では全都道府県で37位ながら、海岸線の長さでは北海道に次いで第2位。多くの島々と入りくんだ海岸線は、長崎らしい眺めのひとつ。

夕暮れから夜、そして深夜にかけて表情を変え続ける夜景

　漆黒の港をキラキラとした町の灯りが、港の水際から山手にかけて取りまく長崎の夜景は、日本三大夜景のひとつ。さらに2012年には夜景観光コンベンションビューローによって、札幌・神戸・長崎が「日本新三大夜景」に認定された。

　夜景観賞は夕方、空の向こうが茜色に染まる時から始まる。夜にかけて町の灯りは輝きを増し、夜が更けるにつれ光は減り、静けさが増していく。町のざわめきが途絶えた中、ライトアップされた大浦天主堂がいちだんと印象的に見える。

　長崎で夜景を楽しむなら稲佐山、風頭公園、鍋冠山公園が御三家。とりわけ稲佐山はロープウェイなどアクセスが充実しているうえ、夜景を楽しむのにぴったりなレストラン(p.52)もある。

長崎・大浦エリアほか

水面の黒と町のきらめきが絶妙のコントラストをみせる夜景は、町をとりまく高台の各所から見られる。左上は鍋冠山公園、右上は市の北部の高台からの眺め。左下は大浦天主堂。

~和・華・蘭の花が咲く~
長崎の祭り

長崎くんち（10月7日～9日）

全国ペーロン選手権大会（7月下旬）　　　中秋節（陰暦8月15日）

長崎帆船まつり（4月下旬）　　　精霊流し（8月15日）

長崎ランタンフェスティバル（陰暦1月1日〈春節〉〜15日〈元宵節〉）

ながさきみなとまつり（7月下旬）　　　　　　　　丸山華まつり（11月中旬）

和洋中の文化が混じり合う町に生まれた伝統が生きる

　和＝日本、華＝中国、蘭＝オランダな要素がいっぱいの長崎の祭り。390年余の歴史を誇る諏訪神社・長崎くんちの祭りには中国風の龍踊りが登場。石段を神輿が駆け下りる勇壮な「お下り」、多彩な山車も出て町は3日間にわたって祭り一色に染まる。

　夏の長崎では、中国風の細身の船「ペーロン」の選手権や、花火が夜空を彩るながさきみなとまつりが見もの。新盆の霊を船に乗せて極楽浄土に送りだす精霊流しでは、町が鐘と爆竹の音に包まれ、提灯のあかりや掛け声で、幻想的な雰囲気になる。

　秋から冬には中国式のお月見の中秋節、旧暦の正月には、町じゅうを中国式のランタンが飾るランタンフェスティバルが全国から人々を惹きつけている。

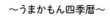

〜うまかもん四季暦〜
長崎は一年中が旬

春　鯵・鯛

夏　雲丹・鰻・鯨

秋　伊勢海老・鯖

冬　牡蠣・アラ・ヒラメ

長崎に来たからには美味い魚ははずせない

　長崎の「食」といえば、ちゃんぽんや和洋中が渾然一体のしっぽく料理、さらには摩訶不思議なトルコライスなどが有名だが、実は長崎の漁獲量は北海道についで全国第2位。入り組んだ海岸線と大小さまざまな島々を従えているだけに、海の幸は豊富で春夏秋冬、1年中が旬。

　県都長崎には県内の美味しい魚介が集まっている。また県北の平戸は獲れる魚種が多彩で、秋から冬のアラ、春にかけてのヒラメなど1年を通して「旬」の魚を楽しめ、かまぼこや平戸牛などでも有名だ。

長崎

エキゾチックシティ&郊外の温泉リゾート

ながさき | 地図 | p.123-K

長崎

東西文化が交差するエキゾチックシティには
和華蘭の魅力がいっぱい

　深く切り込んだ長崎港に沿って広がる、わずかな平地が長崎市の中心部。狭い市街に多彩な魅力が凝縮し、一歩その背後に踏み込むと、急峻な斜面に長い石畳の階段が連なる坂の町・長崎へ情景が一変する。南北に長く広がる市街地のほぼ中心にあるのが、JRの長崎駅。南側にある浜町や思案橋界隈が、市内でもいちばん繁華なエリアになる。また、市の南部、出島から新地、東山手、南山手と続くエリアは観光スポットの集中地帯だ。

　町の北部は大学や体育施設などが集まる文教エリアで、原爆の爆心地はこの浦上地区にある。狭い町だけに、路面電車を使えばどこも徒歩圏内。ぶらぶらてくてく、長崎の町歩きを楽しもう。

長崎への行き方

　東京、大阪など各地から長崎空港への便がある。空港〜長崎市内はバスで35〜55分。長崎に加えて佐賀県もまわるなら、便数が多く割引チケットも入手しやすい福岡空港利用も検討したい。

　新幹線を利用して九州に入る場合は、博多か新鳥栖でJR長崎本線の特急「かもめ」などに乗り換え。とにかく安く、ということなら名古屋、大阪、神戸などからの高速バスを利用する。博多〜長崎間にも高速バスがある。

エリアの魅力

観光ポイント
★★★★★
食事ポイント
★★★★
レストランが集中しているのは、浜町のふたつのアーケード周辺とその南側の新地(中華街)。紹介する食事のスポットの大半もここにある。
ショッピング
★★★
交通の便
★★★★
市内の見どころは、路面電車を利用すれば、ほとんどが徒歩圏内。

必見スポット
出島、新地、大浦天主堂、グラバー園
標準散策時間：8時間
長崎歴史文化博物館〜諏訪神社〜眼鏡橋〜寺町〜新地〜出島〜大浦天主堂〜グラバー園

観光の問い合わせ先
長崎市観光課
☎095-829-1314
長崎駅総合観光案内所
☎095-823-3631
長崎さるく
☎095-811-0369
長崎国際観光コンベンション協会
☎095-823-7423

交通の問い合わせ先
JR九州案内センター
☎050-3786-1717

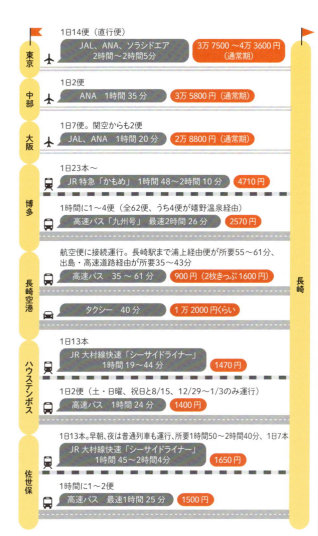

東京	✈	1日14便（直行便） JAL、ANA、ソラシドエア 2時間〜2時間5分	3万7500〜4万3600円（通常期）
中部	✈	1日2便 ANA 1時間35分	3万5800円（通常期）
大阪	✈	1日7便。関空からも2便 JAL、ANA 1時間20分	2万8800円（通常期）
博多	🚆	1日23本〜 JR特急「かもめ」 1時間48〜2時間10分	4710円
	🚌	1時間に1〜4便（全62便、うち4便が嬉野温泉経由） 高速バス「九州号」最速2時間26分	2570円
長崎空港	🚌	航空便に接続運行。長崎駅まで浦上経由便が所要55〜61分、出島・高速道路経由が所要35〜43分 高速バス 35〜61分	900円（2枚きっぷ1600円）
	🚕	タクシー 40分	1万2000円くらい
ハウステンボス	🚆	1日13本 JR大村線快速「シーサイドライナー」 1時間19〜44分	1470円
	🚌	1日2便（土・日曜、祝日と8/15、12/29〜1/3のみ運行） 高速バス 1時間24分	1400円
佐世保	🚆	1日13本。早朝、夜は普通列車も運行、所要1時間50〜2時間40分、1日7本 JR大村線快速「シーサイドライナー」 1時間45〜2時間4分	1650円
	🚌	1時間に1〜2便 高速バス 最速1時間25分	1500円

JR九州電車予約センター
☎050-3786-3489
長崎県営バス（駅前ターミナル）
☎095-822-5141
長崎バス（高速バス）
☎095-826-1112
西肥バス（高速バス予約センター）
☎0956-25-8900
長崎バス定期観光バス
☎095-856-5700
長崎電気軌道（運転課）
☎095-845-4113

町の情報を集める

　JR長崎駅構内の観光案内所で最新の観光情報を集めよう。路面電車や市内バスの1日乗車券などもここで販売している。また、レンタル電動自転車「楽チャリ」（2時間500円・JR利用者400円）は、「みどりの窓口」で受付。駅前のレンタカー九州で借りられる。

長崎

POINT

はじめの一歩

　JR長崎駅は改札を出ると観光案内所があり、路面電車の停留所、バスターミナルもすぐそば。各地からの高速バスが到着するのが、駅の前にある県営バスのターミナル。長崎空港からのバスは、県営バスのほかに新地にターミナルがある長崎バスも運行。長崎バスは新地経由で駅前に着く出島ルート、県営バスは出島ルートのほか、バイパスを通り、浦上地区を経由する浦上ルートも運行している。

17

エリアをつかむヒント

Ⓐ 長崎駅周辺

駅前には路面電車の駅と路線バスターミナル、タクシー乗り場があり、観光案内所は駅構内、高速バスが発着する県営バスターミナルは通りの向かいにある。

駅舎に隣接する「アミュプラザ」には、長崎の名物や銘菓を集めたおみやげ売り場や各種レストランなどがあり、便利。

長崎駅前　　　鳴滝の町かど

Ⓑ 諏訪神社

駅の東側は官庁街。長崎くんちで有名な諏訪神社は、その北にある。歴史文化博物館も隣接している。

神社からシーボルト記念館のある鳴滝にかけては昔ながらの住宅街。急な石畳の階段を挟んで住宅が斜面に張りつくように建ち並ぶ長崎らしい風景が広がる。

Ⓒ 寺町

古びた寺院が並ぶ寺町界隈は、そこだけ時の流れからすっぽりと抜け落ちたような静かな一画。寺町から風頭山をめざして急峻な石段を登ると、維新の志士たちが熱い野望を抱いて行き交った坂本龍馬の世界が広がる。

Ⓕ 浜町

浜町アーケードと、南北に交差する観光通りアーケード周辺が最大の繁華街。デパートや大型ショップが建ち並び、周辺にはレストランなども集中している。浜町の南側の銅座町から思案橋にかけては、ナイトエリア。

Ⓗ 浦上エリア

JRと路面電車の線路をはさんで、西側は陸上競技場などが並ぶスポーツエリア。原爆資料館や浦上天主堂などは線路の東側にある。

路面電車なら原爆資料館、または松山町で下車。中心部から離れているので観光客に適したレストランやショップは少ない。

Ⓓ 出島〜ベイエリア

オランダ人たちの居留地を復元した「出島」から海にかけてだが、長崎のトレンドエリア。

観光船が発着するターミナル横のショッピングビル「夢彩都」からヨットハーバーに面したおしゃれな出島ワーフへ続き、その南の広大な埋め立て地が「水辺の森公園」に再開発。県立美術館もこの公園にある。

Ⓔ 新地（中華街）

原色に彩られた中国料理店や中国雑貨の店などが並ぶ賑やかなチャイナタウン。長崎名物ちゃんぽんを試したいなら、まずここへ。浜町からも徒歩圏内。路面電車の電停は新地中華街を利用。

Ⓖ 南山手・東山手

グラバー園や大浦天主堂がある南山手と、オランダ坂で知られる東山手のふたつのエリアが隣接。どちらも港をのぞむ斜面に古風な洋館が並ぶエキゾチックなエリアで、長崎観光でははずせないポイント。路面電車の大浦天主堂で下車すれば、どちらも歩いてまわれる。

はじめの一歩

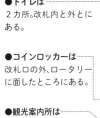

●トイレは
2カ所。改札内と外とにある。

●コインロッカーは
改札口の外、ロータリーに面したところにある。

●観光案内所は
改札口を出た右側、8:00～20:00、無休。

●アミュプラザは
駅に直結のショッピングゾーン。レストランやファストフード、コンビニがあるほか、長崎みやげを買える老舗の支店も入っている。

●駅レンタカーは
駅舎を出た外側、駅前ロータリーにある。

●高速バスは
駅前、県営バスターミナルに着く。バスによっては市内の各所でも下車できることも。

●市内中心部への市電は
長崎駅前から乗車。中華街、出島近くの築町まで4駅、6分、120円。

●**路面電車＋バスで町を歩く**

大きな町ではないし、観光スポットは中心部に集まっているので、路面電車だけでほとんどまわれる。路線バスも豊富。電車はひと乗り120円均一、バス料金も基本料金が150円からと、運賃はリーズナブル。いずれも1日乗車券があり便利だ。

●**歩いて味わう長崎さるく**

さらに深く長崎を味わいたいという人のために長崎市民が企画した「遊さるくコース」が33あり、観光客はさるくマップを片手に歩いて町をまわる。32ある「通さるく」は市民ボランティアのガイド付き（ホームページ、または電話で予約。所要約2時間、参加費はコースによって異なるが1000円～）。居留地や中華街など各エリアごとにコースが紹介された「長崎さるくコース」のパンフレットは観光案内所や主要観光地でもらえるし、HPからもダウンロードできる。▶受付：☎095-811-0369／http://www.saruku.info/

●**観光バスを利用する**

長崎バスが定期観光バスを運行している。出発は毎日10時と12時の2便。所要約4時間55分、大人4140円（入場料込み）。長崎駅前を出発し、原爆資料館、出島、大浦天主堂、グラバー園などをまわる。予約は不要。駅前のバス乗り場で乗車する。花月での会食と夜景をセットにしたバスツアーも毎日運行されている（4時間30分、3万7000円。主要ホテル、または長崎バス観光のHPから申し込む）。

お得で便利な1日乗車券

町歩きの強い味方になるのが、その日の間なら何回でも乗り降りできる1日乗車券。路面電車、長崎バスの市内路線バスはともに500円。路面電車は観光案内所や市内の主要ホテル、みやげ物店などで販売している。路線バスはバスの車内でも販売している。

観光タクシー

コースは各種。4人乗りの小型から9人乗りのジャンボまで車種もいろいろ。小型の観光タクシーはベーシックなコースで2時間4人8000円～。長崎市タクシー協会
☎095-821-8273

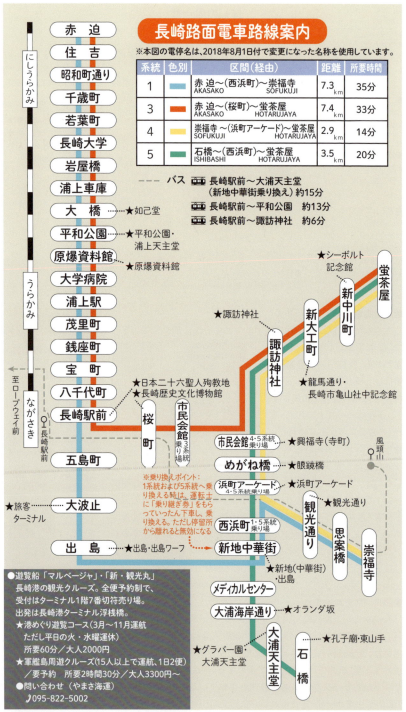

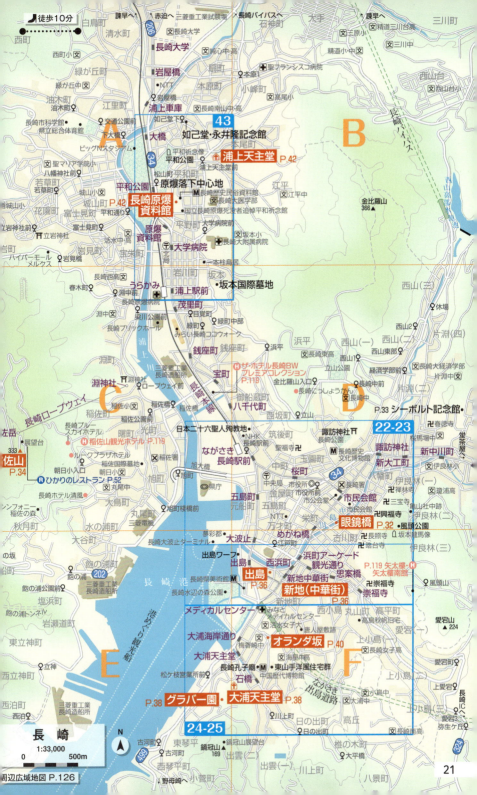

MAP てくさんぽ
出島〜丸山
でじま〜まるやま

出島、唐人屋敷跡、丸山遊郭と江戸時代の名残を色濃く残す3つの「お囲い地」のあとを歩いて、国際都市長崎の歴史ロマンの一端に思いをはせてみよう。
※地図 p.24-25

01 見学30分

出島
でじま

オランダ商館があった出島の江戸末期の街並みを再現。タイムスリップが楽しめる。→p.36

📞 095-821-7200 / 📍 出島町6-1 / 🕐 8:00〜21:00 / 休 無休 / ¥ 510円

オススメ！

---

02 よりより 378円〜

福建
ふっけん

中国伝来の菓子「よりより」、「金銭餅」をはじめ、中国菓子が豊富で手ごろな価格。→p.59

📞 095-824-5290
📍 新地町10-12
🕐 9:30〜21:00 / 休 無休

この道をこのまま歩けば、東山手に出る

---

03 皿うどん 972円

蘇州林
飲茶・ちゃんぽん店
そしゅうりんやむちゃ・ちゃんぽんてん

小さいながら飲茶メニューが充実している。細麺の皿うどんやちゃんぽんもおすすめ。→p.45

📞 095-823-0778 / 📍 新地町11-14 / 🕐 11:00〜20:30LO / 休 水曜

---

04 見学15分

福建会館
ふっけんかいかん

福建出身者の会所跡に建ち、天后と媽祖さんを祀る。入口に関係の深い孫文の銅像がある。

📞 095-829-1272 長崎市まちづくり推進室 / 📍 館内町11-4 / 🕐 9:00〜17:00（閉館時間変動あり） / ¥ 見学自由

---

05 見学15分

天后堂
てんこうどう

旧唐人屋敷の最奥にあり天后と関羽を祀る。福建会館に観音堂、土神堂との四堂巡りがお決まり。

📞 095-829-1272 長崎市まちづくり推進室 / 📍 館内町12-1 / 🕐 9:00〜17:00 / ¥ 見学自由

まわる順のヒント

HINT

出島と丸山界隈に比べて、注目度が低い唐人屋敷跡も観光リノベーションが進み、歩きやすくなった。昭和の香り漂う素朴な街並みが素敵。

13 ながさき鯨カツ 432円

くらさき

老舗の鯨専門店。店頭で販売している鯨カツはやわらかく、事前に漬け込んだ秘伝の味も絶妙。

- ☎ 0120-094083
- 📍 万屋町5-2 / 🕐 10:00～18:00 / 休 無休

12 ちゃんぽん 820円

三八 浜町店
さんぱち はまのまちてん

ラーメンもおいしいが、ちゃんぽんも隠れた人気メニュー。込み合う昼時は避けよう。→p.49

- ☎ 095-821-7001
- 📍 浜町9-18 / 🕐 11:00～21:00 / 休 月曜

11 見学20分

崇福寺
そうふくじ

竜宮城を思わせる山門をくぐり、石段を登ると国宝の第一峰門と大雄宝殿が待っている。→p.35

- ☎ 095-823-2645 / 📍 鍛冶屋町7-5 / 🕐 8:00～17:00 / 休 無休 / ¥ 300円

10 見学15分

高島秋帆旧宅
たかしましゅうはんきゅうたく

国の史跡。幕末の西洋流砲術家である高島秋帆の旧宅。原爆で家屋は大破し、今は広大な敷地に周囲を囲む石塀と石倉が残るだけ。

- 📍 東小島町5-38
- 🕐 見学自由

出島～丸山

06 カステラ 1188円～

福砂屋本店
ふくさやほんてん

カステラで有名な老舗。昔風の建物が飲み屋街の中で異彩だ。店内も落ち着いた和の空間。→p.58

- ☎ 095-821-2938
- 📍 船大工町3-1 / 🕐 8:30～20:00 / 休 1月1日

07 お昼の花御膳 5400円

史跡料亭 花月
しせきりょうてい かげつ

創業360年以上、前身は丸山随一の妓楼・引田屋。頼山陽や幕末の志士がここで遊んだ。→p.47

- ☎ 095-822-0191 / 📍 丸山町6-1 / 🕐 12:00～15:00, 18:00～22:00, 要予約 / 休 不定

08 見学15分

梅園身代わり天満宮
ばいえんみがわりてんまんぐう

遊女や芸者衆が願掛けをした梅塚や歯痛封じの狛犬など、さまざまな身代わりの神様がいる。

09 見学20分

中の茶屋
なかのちゃや

丸山の妓楼、筑後屋の茶屋跡。江戸中期に作られた庭園が素敵。館内にカッパの絵で有名な清水崑展示館がある。

- ☎ 095-827-6890
- 📍 中小島1-4-2 / 🕐 9:00～17:00 / 休 12月29日～1月3日 / ¥ 100円

27

てくさんぽ

眼鏡橋～風頭公園

めがねばし～かざがしらこうえん

眼鏡橋から寺町を抜け、石段の龍馬通りの石段歩きにチャレンジ。龍馬像が建つ風頭公園へ。長崎市街を眼下に望むパノラマコースは、晴れた日は気分が爽快だ。
※地図p.22-23

01 見学10分

眼鏡橋
めがねばし

中島川に架かる石橋の中でもっとも有名なアーチ橋。江戸期に作られた石橋で、国の重文。長崎大水害の折、上部の石橋はほとんど流失したが、眼鏡橋とすぐ下の袋橋はまぬがれ、その頑丈さを証明した。しかしそのため被害が拡大したとして撤去されそうになった。
→p.32

02 古賀人形 1080円〜

想い出
おもいで

長崎伝統の土人形である古賀人形をはじめ、ビードロなどの手作り民芸品を扱っている。

📞095-820-6102／📍諏訪町6-22／🕐11:00～19:00／休不定

ちりんちりん
アイスの
定位置はここ

10 コーヒー400円〜

09 見学20分

南蛮茶屋
なんばんぢゃや

昭和レトロな雰囲気の喫茶店で、てくさんぽ後の至福の一杯をアンティーク雑貨に囲まれて。
→p.54

📞095-823-9084／📍東古川町1-1／🕐13:00～23:00／休無休

ヘイフリ坂
へいふりざか

ヘイフリを漢字で書くと「幣振」。江戸時代物資を山越えで運んだ折、親方が人夫に気合を入れるため御幣(指揮棒)を振って音頭をとったことによる。このため同名の坂が市内に何カ所かある。登りはきついが、下りは長崎市街に向かって降りていくため、好展望が楽しめる。

03 岩永梅寿軒
いわながばいじゅけん

長崎カステラ 1620円〜

1830（天保元）年創業の和菓子店。中国渡来の干し菓子「寒菊」が銘菓。桃カステラなど、季節の引き菓子も美味しい。

📞 095-822-0977 ／ 📍 諏訪町7-1 ／ ⏰ 10:00〜20:00 ／ 休 不定

まわる順のヒント

HINT

アップダウンが激しいので、足に自信のない人はバスかタクシーも併用したい。バスの場合は、風頭山バス停が基点。

04 料亭一力 見学20分
りょうていいちりき

姫重しっぽく 3240円

龍馬ら亀山社中の志士たちもしばしば通ったと伝えられる老舗の料亭。卓袱料理が名物。→p.50

📞 095-824-0226 ／ 📍 諏訪町8-20 ／ ⏰ 入店11:30〜13:30、17:00〜19:00、要予約 ／ 休 不定

05 興福寺 見学20分
こうふくじ

インゲン豆でおなじみの隠元禅師が住職を務めていた唐寺。「赤門さん」と呼ばれている。→p.33

📞 095-822-1076 ／ 📍 寺町4-32 ／ ⏰ 8:00〜17:00（夏期〜18:00）／ 休 無休 ／ ¥ 300円

06 長崎市亀山社中記念館 見学20分
ながさきしかめやましゃちゅうきねんかん

亀山社中だった建物を当時の状態に修復し公開。近くの龍馬のブーツ像は格好の展望地。→p.34

📞 095-823-3400 ／ 📍 伊良林2-7-24 ／ ⏰ 9:00〜17:00 ／ 休 無休 ／ ¥ 300円

Ⓡ いけ洲居酒屋 むつ五郎
卍 禅林寺
深崇寺
龍馬のブーツ像
06
10分
風頭公園
司馬遼太郎『竜馬がゆく』文学碑
伊良林
07
野彦馬墓
WC
5分
5分
08
風頭山バス停へ↓

08 長崎凧資料館 見学20分
ながさきはたしりょうかん

風頭公園の桜並木を南に下ってゆくと、長崎の凧（ハタ）の看板が見えてくる。2階が工房兼資料館になっていてさまざまなデザインの凧が所狭しと並んでいる。もちろん購入もできる。

📞 095-823-1928 ／ 📍 風頭町11-2 ／ ⏰ 9:00〜18:00 ／ 休 無休 ／ ¥ 無料

07 坂本龍馬像 見学30分
さかもとりょうまぞう

風頭公園のほぼ中央にある小高い丘は展望台になっていて、その一角に坂本龍馬像が、遥か海のかなたを見つめるように立っている。展望台からは長崎の港や町が一望できる。先端には司馬遼太郎の「竜馬がゆく」文学碑がある。また近くには上野家の墓があり、その中に、有名な龍馬の写真を撮った上野彦馬も眠っている。→p.35

オススメ

眼鏡橋〜風頭公園

29

MAP てくさんぽ

オランダ坂～グラバー園

おらんだざか～ぐらばーえん

開国後、さまざまな国からやってきた異人さんたちが住み着いたのが東山手から南山手の旧居留地。港を望む傾斜地に建つ洋館をめぐって歩くエキゾチックコース。
※地図p.24

01　見学10分

オランダ坂
おらんだざか

活水学院前の石畳の坂道がオランダ坂として有名。上っていくと、東山手甲十三番館（旧フランス領事館、現在は休憩所。カフェもあり、コーヒーが300円で楽しめる）の前で左右に分かれる。左手のほうが趣がある。→p.40

02　見学20分

東山手十二番館
ひがしやまてじゅうにばんかん

国の重要文化財に指定されている洋館は、かつてプロシアの領事館として使われていた。→p.41

📞095-827-2422／📍東山手町3-7／🕘9:00～17:00／🚫12月29日～1月3日／💴無料

まわる順のヒント

HINT
コースのハイライトのグラバー園には時間を多く割くようにプランを。園内はかなり高低差があるので注意したい。

長崎港

松が枝国際観光埠頭

旧英国領事館

START
大浦海岸通り
Hモントレ

活水女子大学文

オランダ坂
4分
01
02

東山手甲十三番館
東山手町

海星中・高 文
10分

べっ甲工芸館
旧香港上海銀行長崎支店記念館
セトレ グラバーズハウス長崎

GOAL
大浦天主堂

東山手洋風住宅群
05
03
04
中国歴代博物館
オランダ坂

瑠璃庵長崎工芸館
5分
H ANA クラウンプラザホテル 長崎グラバーヒル
祈りの丘 絵本美術館
グラスロード1571
11
10分
07

石橋
石橋

須加五々道美術館
1分
入口（第1ゲート）
出口
旧グラバー邸
09
08
祈念坂
大浦修道院

グラバー園
南山手レストハウス
入口（第2ゲート）
垂直エレベーター

ロシアコンスイ坂
杠葉病院
7分
12分
10
上り上り坂

1分30秒
06

30

03 見学30分

東山手洋風住宅群
ひがしやまてようふうじゅうたくぐん

明治の洋風建築がまとまった形で残っていて奇跡的。外壁の色は当時を復元したもの。→p.41

📞 095-820-0069／📍 東山手町 6-25 ほか／🕘 9:00～17:00／🚫 月曜（祝日の場合開館）、12/29～1/3／💴 古写真資料館・埋蔵資料館は共通100円、他は無料

04 ランチ 750円〜

東山手「地球館」
ひがしやまてちきゅうかん

各国の留学生が作る週末のワールド・フーズレストランは売切れ続出なので早めに。→p.53

📞 095-822-7966／📍 東山手町 6-25／🏠 カフェ 9:00～17:00、ランチは土・日曜の12:00～15:00のみ／🚫 火・水曜、年末年始

05 見学30分

長崎孔子廟
ながさきこうしびょう

日本で華僑が建てた唯一の孔子廟。併設の中国歴代博物館では故宮博物院の文物を展示。→p.41

📞 095-824-4022／📍 大浦町 10-36／🕘 9:30～18:30／🚫 無休／💴 600円

06 体験約2分

グラバー スカイロード

傾斜住宅地の中を動く斜行エレベーター。頂上の広場からの眺めは素晴らしい。

🕘 運転時間 6:00〜23:30、所要時間約1分30秒／💴 無料

07 見学30分

大浦天主堂
おおうらてんしゅどう

日本最古のゴシック様式の教会で、天主堂は国宝。内部のステンドグラスが素敵。→p.38

📞 095-823-2628／📍 南山手町 5-3／🕘 8:00〜18:00／🚫 無休／💴 600円

08 見学1時間〜

グラバー園
ぐらばーえん

明治期の洋館や建物を集めた野外博物館。幕末明治の政商トーマス・グラバーの家はぜひ。→p.38

オススメ

📞 095-822-8223／📍 南山手町 8-1／🕘 8:00〜18:00（季節変動あり）／🚫 無休／💴 610円

09 コーヒー 472円

自由亭 喫茶室
じゆうてい きっさしつ

建物は日本最初の洋食レストランだった。コーヒーとカステラのセットがおすすめ。→p.54

📞 095-823-8770／📍 南山手町 8-1 グラバー園内／🕘 9:00〜17:00／🚫 無休

10 見学10分

マリア園
まりあえん

1898（明治31）年に建てられた、レンガ造りの洋館。現在は清心修道会と養護施設マリア園として使用されている。将来、高級ホテルになる予定。

📞 095-822-1583／📍 南山手町 12-17／見学は外観のみ。内部非公開

11 見学20分

南山手地区 町並み保存センター
みなみやまてちくまちなみほぞんせんたー

明治中期にイギリス人によって建てられた南山手八番館を移築。長崎市街の古写真などを展示。

📞 095-824-5341／📍 南山手町 4-33／🕘 9:00〜17:00／🚫 月曜（祝日は除く）、12/29〜1/3／💴 無料

12 復刻版ちゃんぽん 918円〜

四海樓
しかいろう

要塞を思わせるような建物にはたじろぐが、最上階のレストランからは長崎港が一望の下に。→p.45

📞 095-822-1296／📍 松が枝町 4-5／🕘 11:30〜15:00、17:00〜21:00／🚫 月1回程度不定

オランダ坂〜グラバー園

見る&歩く

日本二十六聖人殉教地
にほんにじゅうろくせいじんじゅんきょうち

地図p.22-B
JR長崎駅または🚋八千代町電停から🚶5分

　豊臣秀吉のキリシタン禁令によって大坂や京都で捕らえられた外国人宣教師と、子どもを含む日本人信徒が徒歩で長崎に送られ、1597(慶長2)年、この地で処刑された。ローマ教皇により聖人に列せられた26人のレリーフが飾られ、記念館では日本でのキリシタン弾圧の資料などを展示している。

📞 095-822-6000　📍西坂町7-8
🕘記念碑の見学自由(記念館9:00～17:00)
🚫12/31～1/2　💴500円　🅿️あり

POINT てくナビ／NHKの手前を右折。ゆるやかにカーブする坂道を登ると記念碑のある西坂公園の入り口に出る。

眼鏡橋
めがねばし

地図p.23-G
🚋めがね橋電停から🚶2分

　古代ローマ人が完成させた石橋の技術がポルトガル人を通して長崎に伝えられ、1634(寛永11)年、興福寺の中国僧・黙子如定の指導で明の様式も加味した橋が架けられた。半円が二つ並ぶユニークな形をしており、水に映った姿から眼鏡橋の名がある。日本最古のアーチ型石橋だが、残念なことに1982(昭和57)年の水害で半壊。翌年再建さ れ、国の重要文化財に指定された。橋の見物がてら、ぶらぶら歩きを楽しもう。

諏訪神社
すわじんじゃ

地図p.23-C
🚋諏訪神社電停から神社下まで🚶3分

　1625(寛永2)年再興の壮大な神社。長崎市民に「おすわさん」の名で親しまれる氏神で、毎年10月に行われる秋の大祭「くんち」は390年以上の伝統を誇り、九州の三大祭のひとつに数えられている。本殿に隣接する小高い丘が長崎公園。また近くの桜町小学校には、1600年代に造られたイエズス会の教会の遺構を展示したサント・ドミンゴ教会跡資料館(9:00～17:00、月曜・年末年始休み、入館無料)もある。

📞 095-824-0445　📍上西山町18-15
🕘境内自由　🅿️あり

長崎歴史文化博物館
ながさきれきしぶんかはくぶつかん

地図p.23-C
🚋桜町電停から🚶5分

　石垣の上にそびえる白壁の建物は、江戸時代に長崎の行政、司法、外交などに幅広い

役割を果たした長崎奉行所立山役所を、遺構や絵図をもとに忠実に再現したもの。奉行が藩主などの応接に使った書院や、密貿易などを裁いた御白洲などが見られる。

博物館は国の重要美術品をはじめ約4万8000点を収蔵し、「近世長崎の海外交流史」をテーマに、日本の海外交流史の歴史をわかりやすく展示している。南蛮貿易とキリスト教、対馬での朝鮮との交流、オランダ・中国との長崎での貿易や当時の長崎の暮らしなどをテーマにしている。

📞 095-818-8366　📍 立山1-1-1　🕐 8:30〜19:00（12/30〜1/3は〜18:00、最終入館30分前）
休 第3月曜（祝日の場合は開館）
¥ 600円　🅿 60台(有料)

シーボルト記念館
しーぼるときねんかん

地図p.21-D
🚃 新中川町電停から🚶7分

1823（安政6）年、オランダ商館医として来日したドイツ生まれの医者、シーボルトは日本人の妻タキを娶り、「鳴滝塾」を開いて数多くの蘭方医を育て上げた。かつて邸宅があった土地にはシーボルトの銅像が立ち、そのすぐ近くに記念館がある。レンガ造りのどっしりとした記念館は、オランダのライデン市にあるシーボルト旧邸がモチーフで、「シーボルト事件」の詳細など、彼の生涯のすべてを克明に記録・展示している。

📞 095-823-0707　📍 鳴滝2-7-40
🕐 9:00〜17:00（最終入館16:30）
休 月曜・12/29〜1/3　¥ 100円　🅿 あり

POINT　てくナビ／電停から斜面に沿うように建てられた長崎らしい住宅街を抜けていくが、要所要所に案内表示板があるので、迷うことはない。

興福寺
こうふくじ

地図p.23-H
🚃 市民会館電停から🚶8分

朱色の山門から、「あか寺」「南京寺」の名で親しまれている禅寺。大雄宝殿は国の重要文化財。1620（元和6）年、明の僧侶・真円によって創られた日本最古の黄檗禅宗の寺で、眼鏡橋を架けた黙子如定や南画の祖、逸然らそうそうたる高僧が住持し、中国の数々の最新文化を日本に伝えた。中国福州から渡海してきた隠元禅師が、日本で最初に入山したのもこの寺院。隠元は1年間、この寺の住職として長崎に滞在した。

📞 095-822-1076　📍 寺町4-32
🕐 8:00〜17:00（夏期は〜18:00）
休 無休　¥ 300円　🅿 あり

POINT　てくナビ／眼鏡橋から徒歩10分。細い通りの山側に寺院が並ぶ「寺町通り」は心落ち着く一角。人気の少ない通りをしばらく歩くと山門に着く。

龍馬通り
りょうまどおり

地図p.23-H
新大工町電停から 7分

龍馬たちが結成した日本初の貿易商社「亀山社中」の跡へ続く石畳の坂道。急な勾配で登るのは少々きついが、振りかえると、重なり合う家並みの彼方に長崎港を見渡す絶好の景観が広がる。

POINT てくナビ／電停から少し諏訪神社の方向に戻り、コンビニの先の角を左折。寺町通りに出てしばらく進むと「龍馬通り」の表示がある。

長崎市亀山社中記念館
ながさきしかめやましゃちゅうきねんかん

地図p.23-H
龍馬通りの麓から 20分

1865(慶応元)年の夏頃に結成された亀山社中の跡が修復・公開されている。龍馬が身を隠したとされる中2階の隠し部屋も再現され、龍馬の手紙や海援隊関連の資料をはじめ、月琴やピストルなど龍馬ゆかりの品、龍馬の紋服や愛用のブーツのレプリカなども展示している。近くに地元の有志が建てた「龍馬のブーツ像」がある。

TEKU TEKU COLUMN

長崎の夜景を満喫するなら、やっぱりここ！
稲佐山山頂
いなさやまさんちょう　　　地図p.21-C

風頭山とともに、長崎の夜景を鑑賞する絶好のポイントが稲佐山。中心エリアとは港を挟んだ対岸にあり、山裾の淵神社駅と山頂の稲佐岳駅を結ぶロープウェイで山頂まで行ける。

ロープウェイの駅はバス停の横にある神社の石段をのぼった先、本殿の横にある。山頂までは約5分。標高333mにある展望台に登れば、長崎市街は一望の下。晴れた日には雲仙や天草、五島列島も遠望できる。

日が暮れてからはさらにゴージャスに。山肌を埋める灯火と海面にきらめくイルミネーションが織りなす幻想的な夜景は、香港、モナコとともに世界新三大夜景として、息をのむほど美しい。

山頂展望台の2階には、眺望を独り占めにできるガラス張りの「ひかりのレストラン」(→p.52)があるので、食事がてら訪れてみたい。

●ロープウェイ乗り場まで、長崎駅前から長崎バス「下大橋行き」でロープウェイ前下車 ●長崎ロープウェイ ▶ ☎095-861-6321　稲佐町364-1 ▶9:00～22:00(12月初旬に点検のため運休)、15～20分間隔で運行 ▶片道720円、往復1230円
※主要な5つのホテルとロープウェイ駅を結ぶ無料循環バスを運行。乗車整理券が必要で、詳細は各ホテルのフロントへ

📞 095-823-3400
📍 伊良林2-7-24
🕐 9:00〜17:00(最終入場16:45)
休 無休　¥ 300円　P なし

風頭公園
かざがしらこうえん

地図p.23-H／L
JR長崎駅前ターミナルから🚌長崎バス風頭山行きに乗車。終点下車🚶5分

　山頂一帯が公園として整備され、園内に坂本龍馬の像が立つ。長崎市街の夜景鑑賞ポイントのひとつ。毎年4月の第1日曜には、凧糸をからませて相手の凧を落とす、長崎名物の喧嘩凧「ハタ揚げ大会」が年によってここでも開催される。山頂そばの小川凧店の2階に「長崎凧資料館」があり、見学できる。

📞 095-829-1171(長崎市みどりの課)
📍 風頭町、伊良林3　P 近隣に有料Pあり

POINT
てくナビ／バス停からは民家の中の坂道を進む。小川凧店が見えて来ると公園は間近。あとは竜馬像まで桜並木が続く。

浜町アーケード
はまのまちあーけーど

地図p.23-K
🚋浜町アーケード電停または観光通り電停から🚶2分

　西浜町電停から東に走る全長360ｍの浜市商店街と、それと交差するベルナード観光通りの2本のアーケード街を中心とした長崎最大の繁華街。大型店や専門店が軒を並べ、浜市商店街が終わる鍛冶屋町あたりにはレストランが集中している。観光通りを北にそのまま進むと、庶民的な香り漂う古川町の商店街へつながっていく。

思案橋・丸山界隈
しあんばし・まるやまかいわい

地図p.23-K
🚋観光通り電停または思案橋電停下車

　春雨通りの南側一帯が、思案橋の名で親しまれる歓楽街。路地の両サイドにバーや居酒屋が軒を並べている。網の目のような路地をさらに進んだ先が丸山。かつて京の島原、江戸の吉原と並び日本三大遊廓として賑わったところ。いまも料亭花月をはじめ、遊女たちが参拝した梅園天満宮や市の史跡「中の茶屋」などが点在している。

崇福寺
そうふくじ

地図p.23-L
🚋崇福寺電停から🚶3分

　1629(寛永6)年、長崎在住の福建省の人々によって建てられた寺で、興福寺(p.33参照)、福済寺(MAPp.22-B)、聖福寺(MAPp.23-C)とともに長崎を代表する唐寺。龍宮城のような朱色の三門を持つことから「赤門さん」の名で親しまれている。国宝に指定されている第一峰門や大雄宝殿の用材はすべて中国から船で運ばれたもの。毎年旧盆には華僑の人々が全国から集まって、中国の盆が盛大に祝われる。

📞 095-823-2645　📍 鍛冶屋町7-5
🕐 8:00〜17:00　休 無休　¥ 300円　P あり

POINT
てくナビ／電車道から広い道に入ると福地桜痴の碑がある。その先の坂をあがると竜宮城のような山門が右手に。

長崎

新地(中華街)
しんち(ちゅうかがい)

地図p.24-B
🚋新地中華街電停から🚶2分

　江戸中期、中国船専用の倉庫を建てるために海を埋め立てて造られた、文字通りの「新地」。鎖国当時、館内町の唐人屋敷に集められていた中国人たちが開国後ここに移り住み、貿易が発展するにつれ「長崎県上海市」と呼ばれるほどの賑わいを見せた。現在も中国料理店が軒を連ね、横浜、神戸と並ぶ華やかなチャイナタウンとして知られる。長崎生まれの中国料理「ちゃんぽん」や「皿うどん」を試したい時は、ぜひここへ。

唐人屋敷跡
とうじんやしきあと

地図p.25-G
新地中華街から🚶10分

　湊公園の横からはじまる通りが唐人屋敷通り。ここを道なりに歩いていくと、やがて中国風門構えの土神堂に出る。この周辺一帯がかつて唐人屋敷が建ち並んでいたところ。開国後に居留地や新地に移るまで、長崎の中国人はみなこのエリアに集められていた。斜面に広がる館内町のいちばん奥には天后堂、東側に観音堂と福建会館が当時の面影をいまに伝えている。

📍館内町　💴見学自由　🅿なし

> **POINT　てくナビ**／銅座通りを過ぎた辺りはまだ商店街の名残があるが、その先には静かな町が緩やかな斜面に広がり廟堂が点在。

出島
でじま

地図p.22-J
🚋新地中華街電停または出島電停から🚶2分

　1636(寛永13)年、キリスト教の布教禁止を目的とした徳川幕府の命を受け、長崎の有力町人25名の出資で造られた人工の島。それまで市内に散住していたポルトガル人たちがこの島に集められた。数年後、ポルトガル貿易が禁止されると、平戸にあったオランダ商館が出島に移され、以後200年以上にわたってここが日本で唯一の対ヨーロッパ貿易の窓口となった。

　現在では出島の復元計画が進められ、実物大に復現されたオランダ商館や蔵が並び、出島の全貌を15分の1の模型で再現したミニ出島やシアターなどがある。2017年には130年ぶりに表門橋が再建された。東端の洋館は1878(明治11)年に日本ではじめて造られたキリスト教の旧出島神学校の建物を修復したもの。また考古館には、開国後に建てられた旧石倉を改装して使われている。

出島総合案内所
📞 095-821-7200 📍 出島町6-1 🕐 8:00〜21:00(最終入場20:40) 休 無休 ¥ 510円 P 近隣に有料Pあり ※入口は東側・明治ゲート、西側・水門ゲート、中央・表門ゲートの3カ所。

POINT てくナビ／出島電停を降りると、すぐ目の前が入口。出島の全体像を俯瞰したいなら、玉江橋の中央の張り出しまで戻ろう。

ベイエリア

地図p.22-E／I
🚃 出島電停または大波止電停から🚶3分

　出島から海岸通りを越えた海側一帯が、長崎でも注目の再開発エリア。大波止側にはショップとレストランの入った「ゆめタウン夢彩都」が、岸壁にはレストラン街「長崎出島ワーフ」が並び、その先には水辺の森公園の緑地が広がっている。その中には、長崎県美術館(地図p.22-I)が設けられている。美術館は「ギャラリー棟」と「美術館棟」の2棟からなり、美術館にはピカソやダリなどスペイン絵画や、野口彌太郎をはじめとする長崎ゆかりの美術品が展示されている。回廊でつながれたギャラリー棟にはミュージアムショップがあり、橋回廊にはカフェもある。

長崎県美術館
📞 095-833-2110 📍 出島町2-1
🕐 10:00〜20:00(展示内容による変更あり)
休 第2・4月曜(祝日の場合は翌日)、12/29〜1/1
¥ 入館無料、常設展示は400円 P 割引Pあり

TEKU TEKU COLUMN

**40年余の眠りから覚めた海底炭鉱の島
軍艦島(端島)**　　　地図p.126-I

　長崎港の沖合19kmに浮かぶ端島は、南北約480m、東西約160m、面積はわずか6万3000㎡という小さな島。三菱石炭鉱業㈱の主力炭鉱のあった高島の南西約2.5kmにあり、この端島もまた海底炭鉱の島として開発された歴史をもつ。

　コンクリートの護岸が島全体を囲い、高層の鉄筋アパートが建ち並ぶ姿が戦艦「土佐」に似ていることから「軍艦島」と呼ばれるようになった。しかし、石炭の時代の終焉とともに、端島の炭鉱も閉山。その後は住む人もなく、約40年にわたって荒れるにまかせた無残な姿のまま放置されてきたが、2015年7月ユネスコの世界遺産として登録された「明治日本の産業革命遺産」の構成遺産のひとつに。いま、未来に向けた新しい歴史を刻みはじめた。

　長く立ち入りが禁じられてきたが、最近になって埠頭や歩道が整備され、観光ツアー客にかぎり島に上陸できるようになった。見学できるのは島の一部のみだが、現在、やまさ海運(📞095-822-5002)や軍艦島クルーズ(株)(📞095-827-2470)など5社が上陸ツアーを実施している。乗船料3600円〜のほか、長崎市の施設利用料300円が必要。詳細は問い合わせを。

長崎

大浦天主堂
おおうらてんしゅどう

地図p.24-I
🚋大浦天主堂電停から🚶5分

国宝に指定されており、正式名称は日本二十六聖人殉教者天主堂。別名フランス寺といい、1864（元治元）年、フランス人宣教師たちの指導で建てられた日本最古の木造ゴシック様式の教会。

長崎で処刑された二十六聖人（→p.32）の霊に捧げられた教会で、殉教の地・西坂の丘に向って建っている。祭壇中央の「十字架のキリスト」は、1865年にフランスの修道院から寄贈されたが、原爆の爆風で大破。現在あるのは戦後になって修復されたもの。

1865年の3月、200年以上に渡る弾圧の中キリスト教信仰を守り続けた浦上の信徒十数人が、天主堂のプティジャン神父に信仰を告白した「信徒発見」の舞台として知られる。

📞 095-823-2628　📍 南山手町5-3
🕗 8:00～18:00　休 無休　💴 600円
🅿 近隣に有料Pあり

POINT
てくナビ／電車を下りたら大浦川に架かる橋を渡って左へ。巨大な四海樓の前からはじまるのがグラバー通り。天主堂はみやげ物店が賑やかに軒を並べる通りのつきあたりにある。

グラバー園
ぐらばーえん

地図p.24-I
大浦天主堂から🚶3分

外国人居留地であった南山手の高台に、由緒ある洋館8棟を市内から集めて復元した公園。入口は大浦天主堂の手前を右に入った第1ゲートと、旧三菱第2ドックハウス横の第2ゲートの2ヵ所ある。第1ゲートから入園した時は動く歩道で一気に上まで上り、下りながら点在する洋館を見物していこう。入口近く

で、音声でガイドするプレイヤーを貸し出している。

❶旧三菱第2ドックハウス
1896（明治29）年、三菱造船所が外国船乗務員の宿泊所として建てた洋館。長崎港近くにあったものを、昭和47年に現在の場所に移築し、かつて長崎港に寄港した外国船の模型や当時の写真などを展示している。

❷旧長崎高商表門衛所
1905（明治38）年、東京、神戸に次いで開校した長崎高等商業学校（現・長崎大学経済学部）の表門衛所。

❸旧長崎地方裁判所長官舎
1883（明治16）年に建てられた官舎。中の応接室は写真館。カメラがあればレトロな風景をバックに記念撮影ができる。

❹旧ウォーカー住宅
当主の英国人ロバート・N・ウォーカー氏は、1874（明治7）年に日本政府にチャーターされた「ロータス号」の船長として来日。初期の日本海運業界に多くの功績を残すと

ともに、日本初の清涼飲料「バンザイサイダー」を発売した。親日家で、屋敷の中にも日本的な様式を見ることができる。

❺旧リンガー住宅
英国人商人フレデリック・リンガー氏の屋敷。1864(元治8)年頃に来日し、製茶・製粉からガス、上水道、発電、漁業まで、幅広い事業を営んだ。外壁を石でおおった木造平屋建ての重厚な建物は、1966年国の重要文化財に指定されている。

❻旧オルト住宅

茶の貿易商として来日した英国人ウィリアム・オルト氏の邸宅。円柱に支えられた玄関を持つ木造平屋は重要文化財。

❼旧スチイル記念学校
1887(明治20)年、スチイル博士の寄贈した資金で建てられた学校。現在はグラバー氏関係の資料館として使われている。

❽旧自由亭
1878(明治11)年に建てられた日本初の西洋料理店。廃業後は検事正の官舎として用いられていた。現在は喫茶室として公開されている(→p.54)。

❾旧グラバー住宅

1859(安政6)年に来日したスコットランド人トーマス・B・グラバー氏が、1863(文久3)年に建てた屋敷。四つ葉のクローバーを象った美しい建物は、木造の洋館としては日本最古。コロニアルスタイルの優雅な屋敷は国の重要文化財及び世界遺産に指定。グラバー氏は貿易業を営むかたわら、志士たちの海外留学の斡旋などにも尽力。またキリン麦酒の前身、ジャパン・ブルワリー・カンパニーの創始者の一人としても知られている。

❿長崎伝統芸能館
諏訪神社の秋の大祭「長崎くんち」で使われる巨大な龍などを展示している。異国情緒あふれる出し物は、いずれも豪華絢爛。祭の模様を写したビデオ上映などもあり、出口近くにはグラバー園のオリジナルグッズを売るショップもある。

📞 095-822-8223　📍 南山手町8-1
🕘 8:00～18:00(季節・イベントにより変動)
休 無休　¥ 610円　P 近隣に有料Pあり

POINT てくナビ／大浦天主堂の入口から右手に進むと木々が茂る中に石段が伸びる。進むとグラバー園のチケット売り場に出る。

長崎

南山手レストハウス
みなみやまてれすとはうす

地図p.24-J
グラバー園の第2ゲートから🚶5分

グラバー園から垂直エレベータで下りたところにある。旧清水氏住宅で、かつてトーマス・B・グラバーの弟が住んでいた洋館をレストハウスとして開放。旧居留地に関する資料を展示している。前が展望公園で、山手が一望にできる。

📞 095-829-2896　📍南山手町7-5
🕘 9:00〜17:00　🚫 12/29〜1/3
💴 無料　🅿 なし

POINT　てくナビ／垂直エレベーターを出て左に回りこむとすぐ。正面にはユニークな斜行エレベーターが斜面都市・長崎を物語る。

祈念坂
きねんざか

地図p.24-I
南山手レストハウスから🚶1分

レストハウスの前から大浦天主堂へと続く急峻な坂道。映画のロケにも使われた美しい坂道で、石畳の階段が天主堂の塀に沿って下っていく。眼下に港が見えて眺望は抜群。

祈りの丘 絵本美術館
いのりのおか えほんびじゅつかん

地図p.24-I
南山手町並み保存センターから🚶5分

大浦天主堂に向かう坂道の途中にある。石とレンガで造られたイギリス風の建物で、

国内外から集められた優れた絵本の原画を展示。美術館は2〜3階。1階は絵本など約4000点を常備した子どものための本の店『童話館』になっている。

📞 095-828-0716
📍南山手町2-10　🕘 10:00〜17:30
🚫 月曜(祝日の場合は翌日)、12/30〜1/3
💴 美術館300円　🅿 なし

旧香港上海銀行長崎支店記念館
きゅうほんこんしゃんはいぎんこうながさきしてんきねんかん

地図p.24-E
絵本美術館から🚶5分

1904(明治37)年、建築家・下田菊太郎の設計で建てられたコリント様式の柱を持つ堂々たる洋館。長崎でも屈指の洋館で、国の重要文化財に指定されている。近年リニューアルされ、1階が多目的ホールと銀行の歴史資料の展示。2階に長崎近代交流史と孫文・梅屋庄吉ミュージアムが入っている。

📞 095-827-8746　📍松が枝町4-27
🕘 9:00〜17:00　🚫 第3月曜(祝日の場合は翌日)
💴 300円　🅿 なし

オランダ坂
おらんだざか

地図p.24-F
旧香港上海銀行記念館から坂の入口まで🚶5分

長崎のシンボルとして知られる美しい石

畳の坂道。オランダ坂は居留地内の石畳敷きの坂道すべてを指していたが、当時の面影をいまも強く残しているのは活水女子大へ続く活水坂と、東山手から大浦石橋に続く誠孝院前の2カ所。ゆっくり歩いて15～20分ほど。

東山手十二番館
ひがしやまてじゅうにばんかん

地図p.24-F
オランダ坂入口から🚶5分

1868(明治元)年に建てられ、その後旧プロシア領事館となる。活水坂を上りきった右手にある。大正初期までアメリカ領事館として国際的な役割を果たしてきた建物で、国の重要文化財。現在は旧居留地にあった私立学校の歴史資料館として公開されている。

- 📞 095-827-2422
- 📍 東山手町3-7　🕘 9:00～17:00
- 休 12/29～1/3　¥ 無料　P なし

東山手洋風住宅群
ひがしやまてようふうじゅうたくぐん

地図p.24-F
東山手十二番館から🚶10分

明治時代に外国人への貸家として建てられた洋風住宅7棟が保存され、資料館や町並み保存センター、東山手「地球館」(p.53参照)として公開されている。古写真資料館には、日本人初の写真家、上野彦馬に関する資料などを展示している。

- 📞 095-820-0069(東山手地区町並保存センター)
- 📍 東山手町6-25ほか　🕘 9:00～17:00
- 休 月曜(祝日の場合は開館)、12/29～1/3　町並み保存センター・地球館
- ¥ 無料。古写真資料館・埋蔵資料館は100円（2館共通）　P なし

POINT 旧居留地内の道を、港の風景も楽しみながらいろいろ異国探し。道沿いには当時の煉瓦塀や排水溝、石段なども健在。

長崎孔子廟・中国歴代博物館
ながさきこうしびょう・ちゅうごくれきだいはくぶつかん

地図p.24-F／J
東山手洋風住宅群から🚶5分

中国の華北と華南の建築様式を合体させたユニークな建物で、堂内に石造りの中国の賢人72体がずらりと並んでいる。中国人が日本に建てた唯一の廟で、創建は1893(明治26)年。本堂の奥に、昭和58年に建てられた博物館がある。

- 📞 095-824-4022　📍 大浦町10-36
- 🕘 9:00～18:00(最終入場17:30)
- 休 無休　¥ 600円　P あり(コイン P)

POINT てくナビ／東山手洋風住宅群から白塗りの塀に沿った急な坂道を下っていく。孔子廟の入口は右へぐるりとまわり込んだところにある。

長崎

原爆落下中心地
げんばくらっかちゅうしんち

地図p.43-A
🚊平和公園電停から🚶2分

平和公園の「祈りのゾーン」にあり、原爆落下中心地に黒い御影石の柱が立つ。爆心地となった松山町は、当時300世帯、1860人余の人が暮らしていたが、一瞬のうちに町は壊滅。その時にたまたま防空壕にいた9歳の少女1人が生き残ったという。長崎全体で15万人以上が犠牲となった。いまも無数の千羽鶴が飾られている。

> **POINT** てくナビ／電停の駅から国道越しに緑の公園が見える。車の往来の激しい国道を渡ると、途端に厳粛で、張り詰めた雰囲気がしてくる。

長崎原爆資料館
ながさきげんばくしりょうかん

地図p.43-A
平和公園から🚶3分

なぜ原爆が投下されたのか、館内の展示は日本が当時おかれていた状況を客観的に分析することからはじまり、被爆がどのような影響や被害を人間や町にもたらしたか、その実態を淡々と科学的視点に立って紹介している。その上で、核をとりまく現状はど

うなのか、これから何をめざすかをパネルや映像を駆使して明確に示していく。被爆を悲劇だけに終わらせない、被爆地・長崎の強い決意がひしひしと伝わる見応えある資料館。長崎を訪れたら、ぜひ一度は立ち寄りたいところだ。

📞095-844-1231　📍平野町7-8　🕐8:30～17:30(5～8月は～18:30、8月7～9日は～20:00)　休12/29～31　¥200円　Ｐあり(有料)

平和公園
へいわこうえん

地図p.43-A
🚊平和公園電停から🚶2分

爆心地の北側一帯に造られた公園で、毎年8月9日、ここで慰霊祭が行われている。正面に座しているのが、平和祈念像。上にのばした手は原爆の脅威を、横にのばした手は地上の平和を、とじたまぶたは原爆犠牲者の冥福を祈っているといわれる。平和祈念像手前にある泉は平和の泉。水を求めながら死んでいった犠牲者たちのために、たえず豊かな水をたたえている。

浦上天主堂
うらかみてんしゅどう

地図p.43-A
🚊平和公園電停から🚶8分

キリシタン弾圧に抗して260年以上の長い潜伏に耐えた信徒たちが、明治になり35年の歳月をかけて完成させた記念すべき天主堂。しかし、爆心地に近かったためここも全壊した。敷地内には原爆で破壊されたマリア聖像なども残されているが、崩壊した建物の一部は原爆資料館に保存されている。現在の聖堂は1959(昭和34)年に再建されたもので、1981(昭和56)年にはローマ教皇ヨハネ・パウロ2世を迎えている。

📞 095-844-1777　📍 本尾町1-79　🕘 9:00～17:00　休 無休　¥ 無料(志納)　P なし

POINT てくナビ／松山橋を過ぎて2車線の坂道を進むと、正面に天主堂の重厚な尖塔が目に入ってくる。

如己堂・永井隆記念館
にょこどう・ながいたかしきねんかん

地図p.43-A
浦上天主堂から🚶10分、
または🚃大橋電停から🚶10分

　自らも原爆の後遺症に苦しみながら、被爆者の救護に力を尽くした故・永井隆博士の生涯を記録する記念館。『長崎の鐘』などの著書とともに、最期の日まで世界の平和を願い続けた博士の壮絶な生涯を紹介している。記念館の横には、博士が最期の病床の日々を過ごした小さな庵、如己堂が残されている。

📞 095-844-3496
📍 上野町22-6　🕘 9:00～17:00
休 12/29～1/3
¥ 100円(記念館)　P なし

坂本国際墓地
さかもとこくさいぼち

地図p.43-B
🚃茂里町電停から🚶10分

　バス通りから急な坂道を登った小高い丘の斜面にある。グラバー邸のトマス・グラバーはじめ、この地で没した異国の人々が眠る墓地。キリスト教徒でもあった永井博士の墓所もある。この墓地の北にあるのが山王神社の一本柱鳥居。かつて4基あった鳥居は原爆で吹き飛ばされ、二の鳥居だけが一本足の姿となって、悲惨な歴史を伝えている。

POINT てくナビ／国道を渡り最初の交差点を左へ。崖下の道を次のY字路では急坂の細道の方へ。あえぎながらひと上りでつく。

"じげもん"がこよなく愛す"庶民"の味

ちゃんぽん

白濁した濃厚なスープに極太の麺、その上を覆う野菜や肉、魚介などのふんだんな具。長崎在住の華人が生み出したこの絶妙な味のハーモニーをぜひとも味わってみたい。

玉子
玉子のある・なしは店や種類によって異なる。

野菜
スープに甘さを生むのがふんだんな野菜類。キャベツ、もやし、タマネギが定番。ほかに、ニラやシイタケ、にんじんなどが加わる。

写真は永盛楼の特製長崎ちゃんぽん

かんぼこ
長崎で「かんぼこ」と呼ばれる魚のすり身、つまり蒲鉾もちゃんぽんには欠かせない。食紅で赤く染まった白身魚の「長崎はんぺん」の他、いわしなど青魚を使った蒲鉾も使われる。

スープ
鶏ガラが主流だが、最近はとんこつとミックスする店も多い。白濁させるか、澄んだスープに仕上げるか、店ごとのこだわりが出る。

魚介
海産物が豊富な長崎ならではの立て役者が魚介類。これがスープに溶け込んで、特有の味を生み出す。エビやイカ、タコなどが基本。そこに帆立や牡蠣など、季節の旬の味が加わる。

麺
ちゃんぽんの極太麺は、唐灰汁(とうあく)なしに語れない。長崎県外に持ち出し不可ともいわれるこの灰汁があればこそ、特有のコシ、味わいが生まれる。

新地でもピカイチの豪華版
中国菜館 江山楼 中華街本店
ちゅうごくさいかん こうざんろう ちゅうかがいほんてん

地図 p.24-B
🚋新地中華街電停から🚶5分

　創業以来60年以上になる、味には定評のある名店。数ある中華街のちゃんぽんの中でも、この店の王さんの特上ちゃんぽんは具の数20種と圧倒的なボリューム。鶏ガラからとったマイルドなスープに、白身魚のすり身だんごや肉のミンチボール、フカヒレまで入っている。特上ちゃんぽんは1杯1620円とちょっと高めだが、それだけの値打ちは充分ある。

- 📞095-824-5000（お客様センター）
- 📍新地町12-2
- 🕚11:00～21:00（繁忙期以外の平日11:30～、最終入店20:00）
- 休不定休
- ¥特上ちゃんぽん1620円　ちゃんぽん864円　皿うどん（細）864円
- Ⓟなし

ちゃんぽんの元祖
四海樓　しかいろう

地図 p.24-E
🚋大浦天主堂電停から🚶3分

　明治32年、初代・陳平順氏が貧しい中国人留学生に栄養のあるものを食べさせたいと考案した中国うどんが、ちゃんぽんの原型。以来115年以上の歴史を誇る四海樓は、まさにちゃんぽんの元祖。金糸卵がトッピングされたちゃんぽんのほかに、蓋付きの復刻版ちゃんぽんも人気。食事のフロアは巨大な店舗の最上階にあり、長崎港を一望しながら食べられる。

- 📞095-822-1296
- 📍松が枝町4-5
- 🕚11:30～15:00、17:00～21:00（20:00LO）
- 休不定休（月1回程度）
- ¥ちゃんぽん1080円
- Ⓟなし

地元の人一押しの老舗
永盛楼 本店　えいせいろう ほんてん

地図 p.24-B
🚋新地中華街電停から🚶2分

　60年以上にわたって地元の人々に愛されてきたちゃんぽんの名店。肉付きの鶏ガラを使うスープは、あっさりとして、かつ肉のうま味が出て味わいが深い。この味にやみつきになって、毎日通ってくる常連客も多いのだとか。鶏卵入りの特製ちゃんぽんがおすすめ。皿うどんや中華丼などのメニューもある。

- 📞095-822-8780
- 📍銅座町3-26
- 🕚11:00～14:30　17:00～19:30
- 休不定
- ¥特製長崎ちゃんぽん1100円　特製長崎皿うどん1100円
- Ⓟなし

目にも舌にもおいしい
蘇州林 飲茶・ちゃんぽん店
そしゅうりん やむちゃ・ちゃんぽんてん

地図 p.24-B
🚋新地中華街電停から🚶5分

　豪華な料理店が軒を並べる中華街にあって、小粒ながらも飲茶メニューを充実させるなど意欲的な店。秘伝のスープは鶏ガラのみ。14種の具材の旨みがやさしく溶け込んだ透明のスープは、最後の一滴まで飲み干したくなるおいしさ。パリパリの細麺が香ばしい皿うどんも長崎らしいメニュー。ぜひ試してみたい。

- 📞095-823-0778
- 📍新地町11-14
- 🕚11:00～20:30LO
- 休水曜
- ¥ちゃんぽん972円～　皿うどん972円～
- Ⓟなし

ちゃんぽん

長崎の歴史が育てた和洋中のハーモニー
しっぽく

「卓袱（しっぽく）」とは、円卓のこと。丸い食卓を囲んでみんなで食べる長崎の家庭料理がその原型とされる。そこに並ぶ料理は、和あり、中華あり、さらに南蛮料理ありと、まさに多国籍。

料理人の技が光る
割烹 とし
かっぽう とし

地図 p.22-B
長崎駅前電停から 3分

店を構えて40年。花月と並ぶ名料亭・富貴楼で17年にわたって修業を積んだ名料理人が営む店だけに、しっぽく料理にも店主ならではの技が光る。しっぽくのフルコースは5400円～1万円、ミニしっぽくは4320円。定食も各種あり、なかでも1日30食限定の日替わり定食756円は食後にコーヒーも付き人気。

095-825-4452／中町5-22／11:40～15:00(LO13:30)、17:30～22:00(LO21:00)／日曜・祝日／ミニしっぽく4320円／なし

おしながき
フルコースになれば、並ぶ料理は十数種。右ページに紹介した料理のほかにも、エビと魚のすり身をパンで挟んで揚げたハトシ、衣にほんのり甘味のある長崎てんぷら、揚げた魚を三杯酢に漬けた南蛮揚げなど、長崎特有の料理が並ぶ。

鮮魚料理店でしっぽく弁当
いけ洲居酒屋 むつ五郎
いけすいざかや むつごろう

地図 p.23-D
新大工町電停から 5分

大きないけすを構える鮮魚料理の専門店。アジやイカなど長崎の海の幸を満喫できる店だが、しっぽく弁当も出している。コースは4名から要予約で3780円～。角煮はじめ、しっぽく料理ならではの小鉢が並ぶ。

095-826-6560／八幡町9-8／11:00～14:00、17:00～22:00／12/31の15:00、1/4／しっぽく弁当2916円、3456円／あり

しっぽく弁当につく小菜。角煮(上左)、十六寸豆(上右)、酢の物(右)。豆は黒豆に変わることも

名料亭で味わうフルコース

史跡料亭 花月
しせきりょうてい かげつ

地図p.25-G
🚋思案橋電停から🚶10分

少々値段ははるが、ぜひ味わってみたいのが割烹料亭での本格的なしっぽくフルコース。創業370年余の花月は、数ある料亭の中でも随一。明治の大火で一部が焼けたが、建物そのものが文化財に指定されている。龍馬ら志士たちが酔ってつけた刀傷の残る広間やタイル敷の洋間など、食事の後に建物内を見学できる。

15種の料理が並ぶフルコースは1人1万9440円〜（2名から）。昼間はサービスコース1万368円〜、手軽に楽しめるしっぽく弁当・お昼の花御膳（平日の昼のみ）もおすすめ。

📞095-822-0191／📍丸山町2-1／🕐12:00〜15:00（14:00LO）、18:00〜22:00（20:00LO）、予約制／🈺不定（主に火曜）／💰しっぽく弁当・お昼の花御膳5400円／🅿あり

豚の角煮
しっぽく料理の代表的メニュー。中国料理の東坡肉は蒸し上げるが、しっぽくの場合は最後まで煮て作る。

パスティ
和風の煮物の上にパイ生地を網状にのせ、天火で焼いたもの。語源はポルトガル語の「パスタ」から。

小菜
冷たい料理各種。刺身が必ず含まれる。

御鰭（おひれ）
客への歓迎の意を表す吸い物。小餅、鯛、エビ、はんぺんなどが入る。

梅椀
最後に出るお汁粉。砂糖貿易で潤っていた長崎ならではのひと品。

史跡料亭 花月のしっぽくの膳

しっぽく

47

食べる

新地／中国料理
京華園
きょうかえん

地図p.22-J
🚃新地中華街電停から🚶3分

　東京のホテルで修業をつんだ2代目が追求する味は、伝統を受け継ぎながらもより洗練された味。100種以上とメニューも豊富で、福建料理をベースに、より日本人に親しみやすい味を追求している。ちゃんぽんのスープはとんこつと鶏ガラのミックスタイプ。県外からの客の好みを考慮して、甘さは抑え目。腰の強さで定評のある製麺の名店、瑞泰号の麺を用い、たっぷりの野菜や肉とともに丁寧に仕上げている。

☎ 0120-351-507
📍 新地町9-7
🕐 11:00～16:00、17:00～21:00
休 不定(月1～2回)
¥ ちゃんぽん850円
　コース料理(4人～)
　8640円～
　皿うどん850円
　韮菜拌麺850円
P なし(近隣に有料Pあり)

新地／中国料理
会楽園
かいらくえん

地図p.22-J
🚃新地中華街電停から🚶3分

　朱色に彩られた風格ある店は、華やかな中華街の中でも一際目立つ。ちゃんぽんと皿うどん850円に次いで人気があるのが、東坡肉。何時間もかけてトロトロに蒸された豚肉は臭みもなく、黒砂糖を使うためあっさりとした甘さ。若者からお年寄りまで人気のある看板メニュー。1階のテーブル席のほか、階上に中国間もある。

☎ 095-822-4261
📍 新地町10-16
🕐 11:00～16:00(15:00LO)、17:00～21:30(20:00LO)
休 不定(月2回)
¥ 東坡肉2個1100円・ファミリーセット(2～3人前)7000円～
P なし(近隣に有料Pあり)

新地／中国料理
王鶴
おうつる

地図p.22-J
🚃新地中華街電停から🚶5分

　オリジナルメニューで人気の店。中でも野菜とエビを薄焼きのやわらかい卵で包んだ春巻は、創業当時からの看板メニュー。高温の油でサッと揚げた鮮やかな黄色の春巻は、ほかではちょっと味わえない。とんこつ100％のちゃんぽん820円も人気。全体的にあっさりした味つけで、女性客を意識し油抜きをするなどの工夫もしている。

☎ 095-822-2668
📍 新地町12-3
🕐 11:00～15:00(土・日曜、祝日～15:30)、17:00～21:30(21.00LU)
休 不定
¥ 春巻2本550円　コース2人前2500円～
P あり

思案橋周辺／餃子
宝雲亭思案橋店
ほううんていしあんばしてん

地図p.23-K
🚃思案橋電停から🚶1分

　餃子の専門店で、開店と同時に常連客で席が埋まるほどの人気。看板メニューの餃子は手作りの皮の中から肉と玉ネギの甘味が出てきて、ビールのおつまみにもぴったり。1人で軽く2、3皿は食べられる。

- 📞 095-821-9333
- 📍 石灰町1-8
- 🕐 17:00〜23:30LO
  （日曜、祝日〜22:00）
- 休 日曜　P なし
- ¥ 餃子10個380円

寺町周辺／中国料理

中国菜館 慶華園
ちゅうごくさいかん　けいかえん

地図p.23-H
🚋市民会館電停から🚶5分

　1947（昭和22）年の創業以来、地元の人々に愛されて祖父、父、息子と3代に渡って引き継がれてきた老舗。ちゃんぽん発祥の四海楼（→p.45）直伝のちゃんぽんもおいしいが、ここで試したいのは皿うどん。パリッと揚げた細麺、揚げた後にスープを潜らせる中太の麺、焼いて香ばしさを出したちゃんぽん用の太麺と、3種から麺を選ぶ。ちゃんぽん、皿うどんは各832円、特製は1242円。コースは2、3人前6480円から。

- 📞 095-824-7123
- 📍 麹屋町4-7
- 🕐 11:00〜14:30LO、17:00〜20:30LO、土・日曜、祝日は通し営業
- 休 不定　P あり
- ¥ 特製皿うどん1242円

浜町周辺／ラーメン

三八 浜町店
さんぱち　はまのまちてん

地図p.23-K
🚋観光通り電停から🚶2分

　昭和38年にスタートした、長崎ではおなじみのラーメン店。中国や四国地方にまでその名を知られる名店で、濃厚なとんこつスープに細めの麺がマッチして、博多ラーメンに勝るとも劣らない味が楽しめる。特製ちゃんぽんは1020円、餃子は7個入りで350円。

- 📞 095-821-7001
- 📍 浜町9-18
- 🕐 11:00〜21:00
- 休 月曜
- ¥ ラーメン650円
- P なし

思案橋周辺／豚まん

桃太呂銅座店
ももたろうどうざてん

地図p.23-K
🚋観光通り電停から🚶2分

　昭和35年の開店以来、地元で愛され続けてきた豚まんは、手の平で包めるプチサイズ。ほのかに甘みのあるやわらかい皮とジューシーな具は、ひと口食べたらとまらないおいしさで、1日最低5000個は売れるという人気者。1人前は10個が目安。その場でアツアツをパクつこう。

　また、閉店前には必ず売り切れる人気の餃子は10個入りで601円。どちらもテイクアウト専門だが、クール冷蔵便を使えばおみやげ用にもなる。

　市内には銅座店のほかに支店が、駅前のアミュプラザ店、浜町の浜の町店など4店ある。

- 📞 095-822-8990
- 📍 銅座町16-3
- 🕐 11:00〜23:00
  （売切れ次第閉店）
- 休 日曜
  （支店は長崎駅ビル・無休）
- ¥ 豚まん 10個入り800円
- P なし

長崎

寺町周辺／しっぽく料理
料亭一力
りょうていいちりき

地図p.23-H
🚃市民会館電停から👟5分

1813（文化10）年創業の、長崎でも屈指の老舗料亭。寺町通りにある店は、さすがに風格ある佇まいだ。維新の志士たちも訪れたという料亭で、本格的なしっぽくを試してみたい。夜は1人1万2960円～（2名から予約制）。昼の三段重「姫重しっぽく」は手ごろな価格で楽しめる。ただし、毎日70名限定なので、要予約。

📞 095-824-0226
📍 諏訪町8-20
🕐 入店時間11:30～13:30、17:00～19:00 予約制
休 不定
¥ 姫重しっぽく3240円
P あり

思案橋周辺／しっぽく料理
長崎卓袱浜勝
ながさきしっぽくはまかつ

地図p.23-K
🚃思案橋電停から👟3分

予約なしで気軽にしっぽくを楽しんでみたいという人に

おすすめの店。最初に出されるお吸い物の「お鰭（ひれ）」からデザートの梅碗（お汁粉）まで続くしっぽくのコースは5400円～。ミニ膳の「長崎の恵み玉手箱」は2700円と手ごろな価格。

📞 095-826-8321
📍 鍛冶屋町6-50
🕐 11:30～22:00（20:30LO）
休 無休
¥ ぶらぶら卓袱（1人）4212円
卓袱カピタンコースは1人8532円　P 提携Pあり

ベイエリア／魚介料理
海鮮市場 長崎港
かいせんいちば　ながさきこう

地図p.22-I
🚃出島電停から👟5分

店内のいけすの魚をその場でさばく活魚料理の店。目の前は長崎港という絶好のロケーションの長崎出島ワーフにあり、海を見ながらイセエビ、アワビなど旬の魚介が手ごろな価格で楽しめる。

昼なら手軽な海鮮ものの丼がおすすめ。長崎近海でとれた産地直送の魚を盛った地げ丼1720円、角煮をたっぷりのせた角煮丼1240円、まぐろの漬け丼など、丼は全12種。橘

湾の牡蠣の網焼きも店の名物。ジューシーで、冬の人気メニューだ。

📞 095-811-1677
📍 出島町1-1 長崎出島ワーフ1F
🕐 11:00～22:00
休 無休
¥ 夜のコース料理3860円～
海鮮丼1830円
地げ丼1720円　P あり

浜町周辺／茶碗蒸
吉宗
よっそう

地図p.23-K
🚃観光通り電停から👟3分

1866（慶応2)年創業の老舗で、大ぶりの茶碗むしと蒸寿しの蒸セット1350円は、長崎の名物料理のひとつになっている。1階に椅子席もあるが、どうせなら2階の座敷へ上がってじっくりと味わいたい。下足番の拍子木の音に送られて階段を登ると、昔の芝居小屋のような大広間がある。茶

碗むしセットをより豪華にした吉宗定食は2376円。ほかに角煮定食1674円やばってら1242円、卓袱料理は1人前6345円（10品、2人以上）。

☎ 095-821-0001　📍浜町8-9
🕐 11:00〜21:00(20:00LO)
🚫 第2火曜、1/1
¥ 茶碗むし定食1944円
Ⓟ なし

に味わうあら尽くしコースは1万800円から（2名から要予約）。このほか、玄界灘でとれた新鮮な魚介類のメニューも豊富。クジラの盛り合わせ2600円。

☎ 095-821-8213
📍銅座町7-11
🕐 11:30〜14:00、17:00〜22:00
🚫 日曜、12/31、1/1・2、8/15
¥ あら尽くしコース1万800円〜
　あらのあら煮2160円
　あらわた1080円
Ⓟ なし

思案橋周辺／喫茶店
ツル茶ん
つるちゃん

地図p.23-K
🚃思案橋電停から👞2分

1925（大正14）年に創業したツル茶んは、九州でも最古参の喫茶店として、地元では知らない人がいない名店。長崎の夏の風物詩にもなっているかき氷状のミルクセーキ680円もここが発祥地だ。

創業当時と変わらないアイスクリーム430円など喫茶メニューとともに、昔ながらの洋食屋さん風メニューも豊富。長崎名物トルコライスもシーフードトルコやチキントルコなど6種類ラインナップしている。

銅座周辺／魚介料理
銀鍋
ぎんなべ

地図p.23-K
🚃観光通り電停から👞3分

アラとは体長が1mにもなる大型の魚。この天然アラを1匹まるごと使ったアラづくしの料理が看板メニューだ。店構えは高級感があるが、中はアットホームな雰囲気。あらのあら煮は2160円、煮物、焼き物などアラの魅力をフル

浜町周辺／しっぽく料理
料亭御宿 坂本屋
りょうていおんやどさかもとや

地図p.22-F
🚃五島町電停から👞5分

明治の創業以来、地元で愛されている老舗の料亭旅館。卓袱料理が味わえ、尾鰭から梅椀まで11品ついた昼のしっぽくは量も手ごろでおすすめ。会席料理もあり、こちらは昼が6480円〜、夜が8640円〜。おみやげには名物の東坡肉や角煮めしを。

☎ 0120-26-8210
📍金屋町2-13
🕐 11:00〜13:30（入店）、17:30〜19:30（入店）
🚫 無休
¥ 卓袱料理昼3240円〜
　夜8640円〜
Ⓟ あり

☎ 095-824-2679
📍油屋町2-47
🕐 9:00〜21:00LO　🚫無休
¥ 真正トルコライス1680円
　元祖長崎風ミルクセーキ680円
Ⓟ なし

長崎

ベイエリア／イタリアン
パスタトピザ

地図p.22-E
🚋大波止電停から🚶3分

　石窯で焼き上げるピザは18種類、パスタも32種が揃う本格的なイタリアン。ミラノ風のパリパリの生地が特徴の手づくりピザが人気のメニュー。夢彩都4階のレストラン街にあり、窓からは長崎港が一望に見渡せる。夜景も最高で、暖かい季節にはテラスにもテーブルが並ぶ。

📞 095-829-3772
📍 元船町10-1 ゆめタウン夢彩都4F
🕐 10:30〜22:00(21:30LO)
🚫 夢彩都の休日に準じる
💴 ピザ1274円〜
🅿 あり

稲佐山／カフェレストラン
ひかりのレストラン

地図p.21-C
🚋長崎ロープウェイ
稲佐岳駅から🚶2分

　稲佐山頂上のガラス張りの展望台にある店。カーブするガラス窓に沿ってカウンターがあり、1000万ドルといわれるすばらしい長崎の夜景を心ゆくまで堪能できる。ワインやビールのほか、トルコライスやナポリタンなど食事メニューもある。

📞 095-826-8321
📍 鍛冶屋町6-50
🕐 11:30〜21:30（LOフード20:30、ドリンク21:30）
🚫 悪天候時
💴 長崎和牛ステーキトルコライスセット2500円
🅿 あり(有料)

浜町周辺／小料理・居酒屋
安楽子
あらこ

地図p.23-K
🚋観光通り電停から🚶2分

　水準の高い店が多い長崎のなかでも評価の高い小料理屋。店は小ぶりながら、毎夜美味しい魚や酒肴目当てに常連客でにぎわう。料理は長崎産の新鮮な魚介類がメイン。クジラ料理も豊富だ。イワシの刺身、しめサバの造り、クジラのルイベ、すり身揚げなど、ひと手間かけた丁寧な仕事ぶりは目の保養。常連客とのやり取りなども面白く、旅先ならではの話題に酒も進む。

📞 095-824-4970
📍 住吉町7-20
🕐 16:30〜22:00
🚫 日曜
💴 夜の予算3000円〜
🅿 なし

諏訪神社周辺／洋食
銀嶺
ぎんれい

地図p.23-C
🚋桜町電停から🚶10分、長崎歴史文化博物館2階

　昭和35年創業の老舗の洋食レストラン。長年、鍛冶屋町にあったが、長崎歴史文化博物館（→p.32）の中に移転。昼には銀嶺特製ビーフカレー850円やトルコライス、日替わりの銀嶺ランチ900円、ビーフカレーなどがあり、午後6時からのディナータイムには創業当時の名物料理・じゅじゅヒレステーキほか、コース料理3500円（要予約）も楽しめる。

📞 095-818-8406
📍 立山1-1-1
　 長崎歴史文化博物館2F
🕐 11:30〜21:00
　 (20:00LO)
🚫 博物館に準じる
💴 トルコライス1000円
🅿 あり(有料)

市民病院周辺／カフェレストラン
水辺の森のワイナリーレストランOPENERS
みずべのもりのわいなりーれすとらんおーぷなーず

地図p.24-F
🚃メディカルセンター電停から🚶2分

水辺の公園の運河に四方を囲まれ、広々としたテラスが広がる店内はおしゃれな雰囲気。料理は地場の野菜や魚を使ったイタリアンがベース。週替わりのパスタや魚・肉料理のランチセットなど各種あるが、おすすめはピッツァ。定番のマルゲリータのほか、生ハムのピッツァなど8種類。

- 📞095-811-6222 📍常盤町1-15
- 🕐11:00～21:30(21:00LO)
- 無休
- 💴週替わりのパスタセット 880円 パスタコース1480円 🅿あり

東山手／エスニック料理
東山手「地球館」
ひがしやまて ちきゅうかん

地図p.24-F
🚃石橋電停から🚶5分

長崎大学の留学生など、長崎に住む世界各地の人々が料理を通してその国の文化を伝えようとするちょっと変わった店で、東山手の洋風住宅群の中にある。インド料理の次の日はケニア料理、次はマレーシアといった具合に、土・日曜のランチタイムに日替りで各国の料理を提供。これまでに72カ国以上の料理が登場、いずれもゲストに好評。昼過ぎにはたいてい売り切れ状態になる。料理がない時はラッシーやチャイなどの珍しいソフトドリンク(350円～)を。2階の窓からは長崎の市街が見渡せる。

- 📞095-822-7966
- 📍東山手町6-25
- 🕐10:00～17:00(ワールドフーズレストラン12:00～15:00)
- 火・水曜 💴ワールドフーズランチ800円～ 🅿なし

南山手／和華蘭料理
レストラン セトレ

地図p.24-E
🚃大浦天主堂電停から🚶5分

南山手の贅沢なプチホテルの中にあるおしゃれなレストラン。地元長崎の食材と、中国やオランダ、ポルトガルから伝わった食文化が融合した和華蘭料理がフレンチベースで味わえる。地元長崎産の素材へのこだわりも強く、新鮮な魚介はもちろん、五島産の塩、あごだし、壱岐の米つや姫、長崎産黒毛和牛などが。セトレランチ3000円やパスタランチはボリュームもありおすすめ。夜の和華蘭ディナーはぜひ味わってみたい。

- 📞095-827-7777 📍南山手町2-28 セトレグラバーズハウス長崎 🕐12:00～16:00(14:00LO)、17:30～22:00(20:00LO)、完全予約制 火曜(祝日、夏期、年末年始は営業)
- 💴パスタランチ2000円 和華蘭ディナー6000円 🅿あり

思案橋周辺／甘味処
白水堂「志らみず」
はくすいどう しらみず

地図p.23-K
🚃思案橋電停から🚶2分

創業明治20年の老舗和菓子店が営む甘味処で、生菓子やまんじゅう、ロールケーキなど、店内に並ぶお菓子を抹茶とセットで楽しめる。桃カステラはコーヒーか紅茶が付いて880円。長崎名物のスプーンで食べるミルクセーキは680円。そのほか、そうめん400円やうどんとちらし寿司のセット680円など各種あり、歩き疲れてちょっと小腹が空いた時などにもぴったり。

- 📞095-826-0145
- 📍油屋町1-3
- 🕐10:00～18:30(菓子店は9:30～19:30)
- 不定休
- 💴おはぎ3個300円 フルーツあづき白玉750円
- 🅿近隣に有料Pあり

ベイエリア／カフェ
カフェレストラン 出島テラス
かふぇれすとらんでじまてらす

地図p.22-I
🚋 出島電停から👞5分

　港を一望にする出島ワーフ2階にあるおしゃれなダイニングレストラン。ベースはイタリアンだが、おすすめはトルコライスをアレンジした出島ライス1300円。ほかにパスタやピッツァも。毎週水〜土曜夕方にはライブもある。

📞 095-824-9293
📍 出島1-1長崎出島ワーフ2F
🕐 11:30〜23:00（金〜日曜・祝日は〜24:00）、LOは30分前
休 火曜　P あり
¥ 出島ライス1300円　パスタランチ850円

グラバー園／カフェ
自由亭喫茶室
じゆうていきっさしつ

地図p.24-I
🚋 大浦天主堂電停から👞5分

　日本で初めての本格的な西洋料理店・自由亭を当時のままに復元、移築した店で、グラバー園の中にある。南山手に本店を構えるカステラの長崎

堂から毎日運ばれるカステラは370円、コーヒーは500円。水だしのオランダ風ダッチアイスコーヒー500円もある。

📞 095-823-8770
📍 南山手8-1グラバー園内
🕐 9:00〜17:00
休 無休　P なし
¥ カステラ＆コーヒー735円

眼鏡橋周辺／喫茶店
南蛮茶屋
なんばんぢゃや

地図p.23-G
🚋 めがね橋電停から👞3分

　日本でのコーヒー発祥の地・長崎ならではの、ヨーロピアンスタイルのコーヒーを追求する店。眼鏡橋の近くにある。戦災に焼け残った建物は江戸末期のもの。
　アンティーク雑貨が飾られた店で香り高いコーヒーを飲んでいると、どっしりとした時の重さが実感できる。

📞 095-823-9084
📍 東古川町1-1
🕐 13:00〜23:00
休 無休　P なし
¥ コーヒー400円

買う

県庁坂／からすみ
高野屋
たかのや

地図p.22-J
🚋 浜町アーケード電停から👞3分

　340年以上にわたってからすみを作り続けてきた老舗。からすみは100g7000円程度が目安。ひと腹2万円近いものまで、大きさやランクによって値段が違う。ちょっと試したい人には、スライスからすみ袋入り（5枚）1080円ぐらいから。袋入りのからすみほぐしとからすみ茶漬けは1620円。

📞 095-822-6554
📍 築町1-16
🕐 10:00〜19:00
休 不定
P 契約Pあり
¥ からすみ1腹110g8000円ぐらい〜

メルカつきまち／からすみ
小野原本店
おのはらほんてん

地図p.22-J
🚋 浜町アーケード電停から👞4分

　創業1859（安政6）年、からすみ作りの老舗の一軒。高野屋の裏手、海産物店が賑やかに建ち並ぶメルカつきまちのそばにある。本からすみ中サ

（p.58へ）

54

ジャンルは多彩、種類もいろいろ
長崎の味を買う

海の恵みを活かした海産物、海の向こうとの交流でもたらされた珍味や銘菓。長崎の味は「海」がキーワードの逸品揃い、その場で味わい、おみやげにも。

トルコ伝来の珍味
からすみ

ボラの卵を塩漬けにして、何日もかけて干し固めたからすみは、西のトリュフ、東のからすみといわれるほどの高級珍味。そもそもはサワラの卵を用いるエジプトやギリシャの食べ物で、約400年ほど前、トルコから長崎に伝来したと伝えられる。

現在の形にしたのは高野屋の初代。1675（延宝3）年、原料をボラに変えて作り上げたと伝えられる。薄く切ってそのまま、あるいは軽くあぶって……と、食べ方はさまざま。酒の肴にも最高。高価ではあるが、一度は試したい逸品だ。

●からすみを買うなら
高野屋（たかのや）
→p.54参照
小野原（おのはら）本店
→p.54参照。このほか空港の売店などでも買える。

歯ごたえ抜群の伝統の味
蒲鉾

近海に絶好の漁場を持つ長崎は、新鮮・豊富な魚介類が旨い。生の魚を持ち帰るのは難しいが、蒲鉾なら日持ちもいい。「アゴ」と呼ばれるトビウオを使った蒲鉾や、つなぎに山芋を使わないため蒲鉾なみに歯ごたえのあるはんぺんなど、長崎独特の味が楽しめる。

長崎、とりわけ平戸の川平の名物が「藁すぼ」巻きの蒲鉾。蒲鉾を麦わらでくるりと取り巻いた姿が珍しいが、今ではビニールで代用しているものがほとんど。天然の藁を使ったものは極めてレアなので、見つけたらぜひ！

●蒲鉾を買うなら
石橋蒲鉾店（いしばしかまぼこてん）→p.58参照
長崎を代表する味のひとつ。みやげもの店、スーパー、空港売店などでも。

ポルトガルから来た銘菓
カステラ

1624（寛永元）年、福砂屋の二代目がポルトガル人からその製法を直伝されたことから、長崎カステラの歴史がはじまった。充分に泡立てた卵に上白糖やザラメ、水飴などを加えてフンワリと焼き上げられたカステラは、長崎を代表する銘菓。熟練した技を要求される手作りの逸品は、やはり一度は試してみたい。

元祖・福砂屋はじめ、カステラが看板の老舗は数多く、どこも独自の製法とアレンジした新商品を揃えている。少しずつ買い求め、老舗の味を食べ比べるのも楽しい。

●カステラを買うなら
福砂屋本店→p.58参照
松翁軒本店→p.58参照
文明堂総本店→p.58参照
上記3店がいわば御三家。長崎人はひいきが決まっている。

からすみ／蒲鉾／カステラ

BESTセレクション

長崎みやげ

長崎みやげといえばカステラが定番。カラフルな中国雑貨やビードロ細工など雑貨も魅力。でも、筋金入りのインターナショナルシティには、まだまだ美味しいもの、珍しいものがいっぱいある。ちゃんぽんや角煮包みに、南蛮渡りの珈琲……。これらをまるごとテイクアウト、長崎の美味をそっくり持ち帰りたい。

ちゃんぽん・皿うどん

四海樓をはじめ蘇州林や江山楼など老舗各店が、自慢のレシピで作ったテイクアウト用ちゃんぽん、皿うどんを販売している。スープと麺だけとレトルトの具入りのものがある。ちゃんぽんの元祖「四海樓」では、ちゃんぽんのほかに炒麺タイプも販売。

四海樓（→p.45）
地図p.24-E
☎095-822-1296

ザボン

直径10センチ以上ある巨大なザボンは、茂木びわとともに長崎特産のフルーツ。生を試したければ大浦天主堂近くのフルーツガーデン・アズタイムで。絞りたて（300円）が味わえる。宅急便を使えば生ザボンを味わうことができるが、砂糖漬けにしたお菓子の方がおみやげ向け。

フルーツガーデン・アズタイム
地図p.24-I
☎095-825-5530
ザボンはアミュプラザ長崎（p.22-A）などでも販売。

中国菓子

「よりより」の名で親しまれる脆麻花（唐人巻）、ゴマをまぶした金銭餅、黒砂糖の餡が香ばしい胡麻パン、餡と具がたっぷり入った月餅など、中国伝統のお菓子もおみやげに最適。値段はどれもリーズナブルなのでバラマキみやげにもいい。

ピータンや中国調味料、中国茶なども種類豊富で、おみやげにいい。

新地中華街のみやげ物店や食料品店で。寺町通りに面したの萬順製菓（☎095-824-0477、p.23-H）でも手に入る。

↑ちゃんぽん1食分／486円

↑ざぼん／1個500〜4000円と大きさや品質でさまざまだが、普通1000円前後みておけば十分

↑よりより、金銭餅、胡麻パンなどいずれも1袋400〜550円前後で。

角煮包み

中華風蒸しパンでとろとろに煮込んだ豚ばら肉「東坡肉（トンポーロー）」をはさんだ角煮包みは、長崎ならではのファストフード。

新地中華街の店頭販売店をはじめ、アミュプラザ長崎など、市内には販売している店も多く、地方発送も可能だ

→1個300〜450円ぐらい

長崎オリジナルの珈琲

日本ではじめてコーヒーが上陸したのが長崎。それだけに長崎みやげのコーヒーも多種多様。幕末の長崎を思い浮かべながら飲めばまた楽しい。

発売元：オーケーオフィスコーヒー　095-822-1010
アミュプラザ長崎をはじめ、市内のみやげ物店で販売

←「龍馬が愛した珈琲」／8袋入り864円

長崎みやげ

桃饅頭

桃は中国では仙人の食べ物として珍重されるが、その思想が長崎にも定着。カステラと合体した桃カステラや桃かまぼこなど、桃の節句や誕生日の贈答品などに使われる。

菓匠 穂俵
地図 p.23-K
095-821-0604
穂俵は梅月堂の姉妹店。桃饅頭は梅月堂の各店でも販売

↑桃饅頭／3個入り685円

豚まん

中華街にも肉まんはあるが、とくにおすすめなのがプチサイズの豚まん。ホカホカの皮に雲仙産の豚のぶつ切りとたまねぎが入っていて、一度食べると癖になる美味しさ。

桃太郎銅座本店（→p.49）
地図 p.23-K
095-822-8990
思案橋の本店ほか、アミュプラザ長崎店など各支店で販売

↑長崎ぶたまん／10個入り630円

各種かまぼこ

長崎では「かんぼこ」と呼ばれ、家庭料理に欠かせない食材。独特の歯ごたえが特徴。イワシやアジなどを小骨もろとも摩り下ろして揚げた「揚げかんぼこ」も美味しい。

石橋蒲鉾店（→p.58）
地図 p.22-J
095-824-4561
新地の本店ほか市内各支店、アミュプラザ長崎などで販売

↑蒲鉾の詰め合わせ／2162円〜

イズで5400円〜。お試しサイズ、からすみしぐれ1620円などからすみ製品のほか、干物や塩辛、粒うになど、長崎県の海産物の特産品も揃えている。

- 📞 0120-48-0261
- 📍 築町3-23
- 🕐 9:00〜19:00
  （日曜は10:00〜18:00）
- 休 1/1　P なし
- ¥ からすみ中サイズ5400円〜
  からすみしぐれ1620円

新地／蒲鉾
石橋蒲鉾店
しばしかまぼこてん

地図p.22-J
🚃 新地中華街電停から🚶3分

店内には自家製のおいしい蒲鉾類が豊富だが、ぜひおススメしたいのは、アゴのスボ巻きやイワシなど青魚を原料にしたちくわ2本380円、ちゃんぽんに欠かせない長崎はんぺんなど。近海で獲れた新鮮な魚を巧みに使った歯ごたえのあるおいしさには定評があり、毎日開店を待ちかねて常連客が足を運んでくる。

- 📞 095-824-4561
- 📍 新地町8-8
- 🕐 9:00〜18:00
  （日曜は10:00〜17:30）
- 休 1/1〜4　P なし
- ¥ 板付蒲鉾400円〜
  とび魚すぼ巻448円

思案橋周辺／カステラ
福砂屋本店
ふくさやほんてん

地図p.23-K
🚃 思案橋電停から🚶3分

1624（寛永元）年の創業以来カステラ一筋、伝統の技と味を守り続けてきた老舗の中の老舗。卵を割るところから焼き上げるまで、1人の職人が担当するという伝統の技法をいまも守り続けている。カステラは1本1188円〜。カステラの風味をさらに深く仕上げた特製五三焼カステラは1本2916円。ココア風味のオランダケーキ1本1188円もある。

- 📞 095-821-2938
- 📍 船大工町3-1
- 🕐 8:30〜20:00
- 休 1/1　P あり
- ¥ カステラ1本1188円〜

眼鏡橋周辺／カステラ
松翁軒本店
しょうおうけんほんてん

地図p.23-G
🚃 市民会館電停から🚶1分

創業330年余の歴史を誇る老舗。カステラにチョコレートをブレンドしたチョコラーテ（1本594円〜）は、8代目が明治時代に考案したこの店のオリジナル。抹茶風味のカステラ（1本594円〜）や、スペインのサングリアを使った夏限定のゼリー、サングリア・ジュレ（1個270円）などもある。

- 📞 0120-150-750
- 📍 魚の町3-19
- 🕐 9:00〜20:00
- 休 1/1　P あり
- ¥ カステラ1本594円〜

県庁周辺／カステラ
文明堂総本店
ぶんめいどうそうほんてん

地図p.22-F
🚃 大波止電停から🚶1分

創業から約100年。「カステラ1番、電話は2番」のキャッチフレーズで、全国に長崎カステラの名を轟かせ、伝統の

技法に改良を加え、独自のカステラを作り上げてきた。全国に同じ名のカステラ専門店は多いが、長崎を本店とする文明堂のカステラが買えるのは広島まで。特製三笠山（4個800円）もおいしい。

☎ 0120-24-0002
📍 江戸町1-1
🕘 8:30～19:30
休 1/1　P なし
¥ カステラ1本1080円～

 新地／スイーツ

一〇香（新地支店）
いちまるこう（しんちしてん）

地図p.22-J
🚋 新地中華街電停から🚶5分

店名にもなっている「一〇香」とは、江戸中期に中国の禅僧によって伝えられた中国菓子「胡麻パン」がルーツとされる。茂木に本店を持つこの店がアレンジして作りはじめ、長崎ではおなじみのお菓子になった。パリッとした皮をかじると中は空洞で、内側に塗られた黒砂糖の餡がほのかに甘くておいしい。茂木の名産、びわがまるごと入ったびわゼリーも人気だ。

☎ 0120-49-1052
📍 篭町4-20大塚松永共同ビル1F
🕘 10:00～19:00
休 木曜　P なし
¥ 一〇香10個入り1080円
　茂木ビワゼリー1個324円

 新地／スイーツ

双葉屋
ふたばや

地図p.22-J
🚋 新地中華街電停から🚶3分

フルーツ大福が誕生したのは、いまから約40年前。もともと洋菓子の職人だった先代が手がけたヒット作で、はじめはイチゴ1種だけだったが、いまでは季節ごとの果物メニューが増えて全15種。自家製のカステラ半斤860円、長崎産のビワを包んだ「びわゼリー」（6個入り1720円）など、フルーツ大福以外にも和菓子が豊富。いちご、チェリー、バナナ以外の大福は冷凍で1カ月の保存が可能。長崎空港でも購入できる。店は中華街朱雀門のそばにある。

☎ 095-823-8581
📍 新地町8-12
🕘 9:30～20:00
休 不定
¥ フルーツ大福1個190円～
P 契約Pあり

 新地／中華食材・菓子

福建
ふっけん

地図p.22-J
🚋 新地中華街電停から🚶3分

自社工場で作られた中国食品やお菓子、直輸入の調味料や食材などが揃う店。色鮮やかな北門（玄武門）の先、賑やかな中華街にある。「よりより」と呼ばれる唐人巻や一口香のルーツとされる黒砂糖の餡入り胡麻パン、糖餅、金銭餅など、めずらしい中国菓子は価格も手ごろで、おみやげにもぴったり。

☎ 095-824-5290
📍 新地町10-12
🕘 9:30～21:00　休 無休
¥ よりより378円～
　金銭餅300円　P なし

大浦天主堂周辺／ガラス工芸
瑠璃庵長崎工芸館
るりあんながさきこうげいかん

地図p.24-E
🚋大浦天主堂電停から🚶3分

西洋から伝わり、この町から全国に広がったのが、ポルトガル語でビードロ、オランダ語でギヤマンと呼ばれるガラス細工。瑠璃庵は、長崎の伝統的なガラス工芸を復活させようと、工芸家の竹田克人氏がはじめた工房で、製作の現場を開放し、完成した作品を販売している。吹きガラスとともにステンドグラスも作っており、体験も可能(要予約、吹きガラスは3240円)。できあがった作品は宅配便(料金別途)で送ってくれる。

📞095-827-0737　📍松が枝町5-11　🕘9:00〜18:00
❌火曜、年末年始(6月下旬〜7月下旬体験休)　💴長崎チロリセット(盃2個付)4万5468円 花籠8640円　🅿あり

大浦天主堂周辺／ガラス工芸
グラスロード1571
ぐらすろーど1571

地図p.24-I
🚋大浦天主堂電停から🚶3分

長崎ガラスのメインである青色ガラスをはじめ、普賢岳の火山灰を原料に使ったオリジナル作品など、伝統を踏まえながら現代感覚を取り入れた数々のガラス製品を揃えている。グラス類のほか、小物やアクセサリーなど品揃えも豊富。

📞095-822-1571
📍南山手町2-11
🕘9:30〜18:00
　(冬は〜17:30)
❌無休
💴ぽっぺん648円〜
　シルエットグラス1080円
🅿近隣に有料Pあり

大浦天主堂周辺／オルゴール
長崎オルゴール館
ながさきおるごーるかん

地図p.24-E
🚋大浦天主堂電停から🚶2分

ガラス細工同様、長崎から全国に伝わったのがオルゴール。南山手のグラバー通りの入口にあるこの店は、多数のオルゴールを揃えている。オリジナルのシリンダーは種類も豊富。ほかに光ドームセットも人気。

📞095-826-4460
📍南山手町2-33
🕘9:00〜18:00
　(12〜2月は〜17:30)
❌無休　🅿なし
💴シリンダーオルゴール
　1080円、1840円
　光ドームセット3600円、
　3800円(ファイバー付)

眼鏡橋周辺／べっ甲細工
江崎べっ甲店
えざきべっこうてん

地図p.23-G
🚋市民会館電停から🚶2分

創業1709(宝永6)年と、300年以上の歴史を誇るべっ甲細工の老舗。観光バスが次々と到着する観光名所のような店で、繊細な細工をほどこしたべっ甲細工のアクセサリーや工芸品を販売している。べっ甲の製造工程や歴史を紹介する資料や製造・加工の工程をガラス越しに見学できるコーナーも併設。職人の手仕事を真近に見られる。1898(明治31)年建造の社屋は、国の登録有形文化財に登録されている。

📞095-821-0328
📍魚の町7-13
🕘9:00〜17:00　❌無休
💴ブローチ各種1840円〜
　ピアス6480円〜
　ペンダント860円〜　🅿あり

しまばら　地図 p.123-L

島原

清流に鯉が泳ぐ城下町

　長崎の町歩きを堪能したら、1両編成の可愛らしい島原鉄道に乗って、島原へのワンデイトリップに出かけよう。普賢岳の大噴火で被害を受けた町もみごとに復興し、昔と変わらぬ城下町らしい風情を漂わせている。大きな町ではないので、ゆっくり歩いて見物したい。

島原への行き方

　長崎からはJR大村線を利用、諫早で乗り換え。普通列車で諫早まで所要25〜40分、460円。諫早からは島原鉄道（1日24本、55分〜1時間25分、1430円）か島鉄バス（1日9〜10便、1時間23分、1400円）を利用する。バスは長崎空港（1日4便・約1時間40分、1800円）や博多（1日3便・約3時間25〜30分、2980円）からも出ている。

まわる順のヒント

　駅を背にまっすぐ進めば島原城内に入れそうだが、入口は反対側。堀につきあたったら、左に堀に沿って歩こう。中心部から離れた「がまだすドーム」には、バスかタクシーで。バスは加津佐行きに乗って（22分・250円）アリーナ入口で下車。

エリアの魅力

町歩きの風情
★★★
自然散策
★★
味
★★（具雑煮・ふぐ）

必見スポット
島原城、武家屋敷跡、がまだすドーム

標準散策時間：3時間
島原駅〜島原城〜武家屋敷跡〜白土湖〜江東寺〜鯉の泳ぐ町〜島鉄本社前駅

問い合わせ先

島原市商工観光課
☎0957-63-1111
島原観光ビューロー
☎0957-62-3986
島鉄バス島原営業所
☎0957-62-4707
島鉄本社鉄道課
☎0957-62-2232

見る　歩く

☎0957-62-4766　📍城内1-1183-1
🕘9:00〜17:30　休無休　¥540円
（天守閣・観光復興記念館・西望記念館共通）
🅿あり（有料）

島原城
しまばらじょう

地図p.61
🚌島原駅から🚶7分

　築城の名手、松倉重政が築いた連郭式平城。安土桃山様式の白亜の復元天守ではキリシタン史料などが展示、公開されている。

武家屋敷跡
ぶけやしきあと

地図p.61
島原城から🚶5分

　文化会館のある二の丸の出入り口を出て、左へ進むと武家屋敷に出る。中央を水路が流れる静かな通りの周辺は、かつて下級藩士たちが住んでいた町筋。この水路は旧藩時代に生活用水として使われ、大切に守られてきたもの。現在保存されている武家屋敷は延長約400mの町並みにあり、このうち山本邸、篠塚邸、島田邸の3軒が一般に公開されている。休憩所では名物の寒ざらしが楽しめる。

武家屋敷休憩所 ☎0957-63-1087
🕘9:00～17:00　¥見学無料　Ｐ島原城Pを利用

白土湖
しらちこ

地図p.61
武家屋敷から🚶20分

　1792(寛政4)年、市街地の背後にそびえる眉山が噴火により崩壊した時(島原大変肥後迷惑)、一夜にしてできた池。いまもこんこんと清らかな水が湧いている。

POINT てくナビ／武家屋敷街から万町商店街へ。ファミリーマートの角からバス道を進む。個人商店が連なり、交通量も多いがレトロな雰囲気も。

鯉の泳ぐまち
こいのおよぐまち

地図p.61
島原駅からしまばら湧水館まで🚶7分

　アーケードの南側の中央公園(湧水公園)の周辺の道筋をさす。あちこちから清らかな水がこんこんと湧き、水路を色鮮やかな錦鯉が泳いでいる。通りにある「しまばら湧水館」は無料の休憩所。池の鯉を見ながらゆっくり休める。

買う／食べる

島原城周辺／甘味処
しまばら水屋敷
しまばらみずやしき

地図p.61
島原駅から🚶7分

　1872(明治5)年築の商人の屋敷を改築したお茶屋。湧き水に鯉が泳ぐ池に面した和風の座敷で、島原名物の白玉ぜんざいやかんざらしなどが食べられる。2階の招き猫コレクションも見もの。団体は不可。

☎0957-62-8555　📍万町513
🕘11:00頃～17:00頃(売り切れじまい)　🈳不定
¥かんざらし324円
　白玉ぜんざい430円
Ｐなし

島原城周辺／郷土料理
姫松屋本店
ひめまつやほんてん

地図p.61
島原城から🚶3分

　島原地方の郷土料理、具雑煮が食べられる。具雑煮とは原城に立て籠った一揆軍の籠城食がルーツと伝えられる。野菜や魚介などがたっぷり入った具雑煮は、並が980円、大が1180円。そのほかにも刺身定食や雲仙和牛定食など、メニューは豊富。

☎0957-63-7272　📍城内1-1208
🕘11:00～19:00　🈳第2火曜
(8・10月は第3火曜)
¥具雑煮定食1200円～
Ｐあり

うんぜん　地図 p.123-L

雲仙

地獄で「生きている」地球を実感

島原半島の西側、普賢岳をはさんで島原のちょうど反対側にあるのが雲仙。明治時代から高級避暑地としても愛された温泉の町、キリシタン弾圧の悲劇の舞台となった歴史、今も変化し続ける「地獄」の景観など、小さな町ながら多彩な表情を秘めている。

雲仙への行き方

長崎駅前県営バスターミナルから特急バスで1時間40分、1800円で1日3～4便。JR諫早駅からは島鉄バスで1時間21分、1350円で1日13便出ている。諫早まではJR大村線シーサイドライナーで長崎から約25～40分、460円で1日15本（普通列車もある）運行している。

まわる順のヒント

まずは必見ポイントの雲仙地獄へ。1時間ほどでまわれる。その後時間があれば、雲仙ロープウェイへ。乗り場の仁田峠へはバス便はなく、♨雲仙お山の情報館前から乗合タクシーで20分。運行は9時、10時、14時の3便で往復860円。出発30分前までに事前予約（📞0957-73-2010平成観光タクシー）が必要だ。

エリアの魅力

町歩きの風情
★★

自然散策
★★★★

味
★★（湯せんぺい）

必見スポット
雲仙地獄めぐり、仁田峠

標準散策時間：2時間30分

雲仙地獄めぐり～（バス）～仁田峠～（ロープウェイ）～妙見岳

問い合わせ先

雲仙温泉観光協会
📞0957-73-3434
島鉄バス雲仙営業所
📞0957-73-3366
長崎県営バス
（長崎ターミナル）
📞095-826-6221

島原・雲仙

見る・歩く

雲仙地獄巡り
うんぜんじごくめぐり

地図p.63-A
🚶雲仙から🚶10分

いちばん大きいのがお糸地獄。戦後の名作『君の名は』の撮影記念碑やキリシタン弾圧の慰霊碑もあり、その奥には100度近い熱泉を吹き上げる大叫喚地獄が。ゆで卵が名物。

POINT てくナビ／島鉄雲仙営業所の前、温泉神社とちゃんぽんの隠れた名店富貴屋旅館の間を入ると、すぐに荒涼たる地獄の風景が。

仁田峠
にったとうげ

地図p.63-B
🚶雲仙お山の情報館前から🚗乗合タクシーで20分

雲仙からさらに山を登った絶景の峠。1991年に大噴火した普賢岳を間近に見るのにも絶好のポイント。峠からロープウェイを使えば標高1333mの妙見岳の山頂まで登ることができる。1年中豊かな自然を楽しめるが、とくに初夏のツツジと12月から2月にかけての霧氷は必見。

雲仙ロープウェイ
📞0957-73-3572　📍小浜町雲仙551　🕗8:51～17:31、4～8分間隔で運行（季節により変動）　💴往復1260円　＊片道3分　🅿あり

買う・食べる

島鉄雲仙営業所周辺／温泉せんべい

遠江屋本舗
とうとうみやほんぽ

地図p.63-A
🚶雲仙からすぐ

藩主の命で作られたという、温泉水を用いた薄焼きせんべい。1丁3kgもある焼き型で1枚1枚焼かれたせんべいは、レトロな味わい。手焼き体験（1000円、要予約）も実施している。

📞0957-73-2155
📍小浜町雲仙317
🕗8:30～22:00　🚫不定
💴15枚入り540円、手焼きは1枚80円　🅿1台

島鉄雲仙営業所周辺／ベーカリーカフェ

かせやCAFE
かせやかふぇ

地図p.63-A
🚶雲仙から🚶3分

旅館を経営していたオーナーが廃業後、始めたパン屋はどれも美味しいとの評判。広くて明るいイートインコーナーで味わえる。写真のパンは手前左から時計回りに、キャラメルソースが美味しいモンキーブレッド、ちくわパン、地獄蒸しの卵をくるんで揚げた雲仙ばくだん。店の奥には旅館時代の内湯が残っていて、希望すれば入浴することが可能。50分1500円。

📞0957-73-3321
📍雲仙市小浜町雲仙315
🕗7:00～18:00
（パン売切れ次第閉店あり）
🚫水曜（祝日の場合は営業）
💴ちくわパン・雲仙ばくだん170円　モンキーブレッド160円　🅿7台

おばま　地図 p.123-K

小浜

海に面した温泉は膨大な湯量が自慢

波穏やかな橘湾に面して静かな湯の里が広がる。いずれの宿も眺望抜群の風呂が自慢で、夕日を見ながらお湯につかるのが楽しみ。湯量の豊富さゆえか、玉子など調理できる海辺の蒸し釜は無料！足湯も全国屈指の大きさだ。

エリアの魅力

町歩きの風情
★★★
自然散策
★
味
★★（小浜ちゃんぽん）

必見スポット
小浜歴史資料館、ほっとふっと105、波の湯「茜」
標準散策時間：1時間30分（情報センターぼかぼか〜伝明寺〜上の川湧水〜炭酸泉〜小浜神社跡〜小浜歴史資料館〜ほっとふっと105）

小浜への行き方

長崎駅前の県営バスターミナルから特急バスで1時間17分、1450円で1日3〜4便。JR諫早駅からは島鉄バスで55〜56分、1000円で、1日32便出ている。諫早まではJR大村線快速で長崎から約25〜40分、460円で、1日15本（普通列車もある）運行している。

まわる順のヒント

エリアは小さく、勾配もあまりないので気ままにまわれる。ちょっと深く小浜を味わいたいなら、ふら〜っと小浜温泉さるく（☎0957-74-2672）がある。おすすめは小浜温泉ぶらぶら歩きコースで、料金は600円（資料館代100円込み）。1週間前までに予約。

問い合わせ先

小浜温泉観光協会
☎0957-74-2672

雲仙・小浜

見る　歩く

波の湯「茜」
なみのゆあかね

小浜から 5分

温泉街には外湯が4箇所あるが、ここはそのひとつ。旅館組合が経営する波打ち際にある共同露天風呂。満潮時には海面とほぼ一体となり、開放感あふれる。夕日が沈む頃の橘湾の絶景が見もの。

☎0957-74-2672（小浜温泉観光協会）
📍小浜町マリーナ20　⏰10:00〜18:00、18:30〜24:00（貸切専用）　無休（悪天候の場合は休み）
💴300円、貸切50分2000円　Ｐあり

ほっとふっと105
ほっとふっといちまるご

小浜から 7分

海岸べりにある長さ105mの足湯は、今や小浜随一の人気スポット。名前と長さは源泉温度105℃にちなむもの。蒸し釜も7基あり、自由に使うことが出来る。卵や芋などが管理棟で売っているが、手っ取り早く

という人のために出来合いの温泉卵が1個50円でわけてもらえる。

- ☎ 0957-74-2672（小浜温泉観光協会）
- 📍 小浜町マリーナ20 🕐 8:30〜19:00（11〜3月は〜18:00）。蒸し釜は30分前に終了
- 休 1月4・5日、荒天時、清掃休業が不定休で
- ¥ 無料 P あり

POINT 小浜iから明るく開放的な海岸通りを雲仙口方面に歩いていくと、駐車場の向こうにもうもうと湯煙と楽しそうな人の声がする。

小浜歴史資料館
おばまれきししりょうかん

📍 小浜から 🚶7分

門を入ると、正面に源泉のひとつが白煙を上げていて、左手手前の建物が湯守役だった本多湯太夫家を改修復元したもの。中には本多家ゆかりの品が並ぶ。その奥に、幕末から続く温泉町の歴史を記録した資料館がある。

- ☎ 0957-75-0858
- 📍 小浜町北本町923-1 🕐 9:00〜18:00
- 休 月曜（祝日の場合は翌日）、12/29〜1/3
- ¥ 100円 P あり

買う 食べる

小浜温泉／小浜ちゃんぽん
食楽大盛
しょくらくおおもり

📍 小浜から 🚶15分

小浜のローカルフードといえば小浜ちゃんぽん。豚骨や鶏ガラをベースにし、長崎にくらべてどちらかといえばあっさりしている。ここは、地元の魚介や野菜をふんだんに使い、2日間じっくり煮込んだスープが自慢の店。店名通りのボリュームとアットホームな雰囲気が受けている。

- ☎ 0957-74-2470
- 📍 雲仙市小浜町南本町23-14
- 🕐 11:30〜14:00、18:00〜20:00
- 休 不定 ¥ ちゃんぽん700円
- P なし

TEKU TEKU COLUMN

雲仙岳の噴火災害を記録する記念館
がまだすドーム p.127-L

活火山や各地に湧く温泉、豊富な湧水など、大自然の営みを実感する島原半島は、2009年8月、世界ジオパークの国内第1号として認定された。

雲仙普賢岳が大噴火した1991年以来約5年間にわたって続いた溶岩の噴出で成長した平成新山、断層地形がはっきりと観察できる千々石（ちぢわ）断層、眉山の生々しい山体崩壊壁など、野外博物館といわれるジオパークならではの景観が半島各地に見られるが、「がまだすドーム」は雲仙岳災害記念館の中心的な施設。

雲仙普賢岳の噴火災害の貴重な資料を展示している。火砕流の速さが伝わる道、直径14mのドーム型スクリーンで噴火の瞬間を疑似体験できる「大噴火シアター」やジオラママッピングなど、大自然の驚異を実感できる施設があり、見ごたえ充分。

- ☎ 0957-65-5555 📍 島原市平成町1-1 🕐 9:00〜18:00 休 無休
- ¥ 1000円、ワンダーラボ500円、こどもジオパーク300円、セット券1200円

ハウステンボス
佐世保
平戸

ゲートをくぐれば別世界

はうすてんぼす　　地図　　p.123-G

ハウステンボス

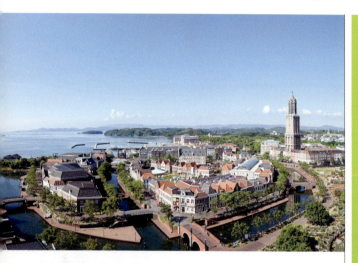

大村湾に生まれたヨーロッパの「街」は
四季の彩りも魅力的

　ハウステンボスは、波穏やかな大村湾の北端に誕生した優雅な「街」。運河の流れでいくつものエリアに分けられ、その間をカラフルな自転車がのどかに行き交う。春の訪れを告げるチューリップ祭や120万本のバラ祭、ウォータースポットやイルミネーションが輝く「光の王国」など、四季折々のイベントも盛り沢山。

　場内はテーマパークゾーンとハーバーゾーンに大きく分かれ、前者に8つ、後者に2つの計10エリアがある。ハーバーゾーンのみの入場料は1000円（除外日あり）だが、パスポートがあれば無料で入れる。

 HINT

ハウステンボスへの行き方

　東京、大阪など遠隔地からは長崎空港、または博多駅経由で行く。長崎空港、博多駅への行き方はp.16の長崎のページを参照。

エリアの魅力

観光ポイント
★★★★★

食事ポイント
★★★★
場内のあちこちにレストランがあるが、集中しているのは、アトラクションタウンとタワーシティの2カ所。

ショッピング
★★★★
ここにしかないグッズが豊富。専門店が集まるのはアムステルダムシティ。

交通の便
★★★★
バスやカナルクルーザーのほか、レンタサイクルもあり、場内移動の手段は豊富。

観光の問い合わせ先

総合案内ナビダイヤル
📞0570-064-110
総合予約センター（ホテル）
📞0570-064-300
観光バス・タクシー（ハウステンボス観光）
📞0956-27-0290

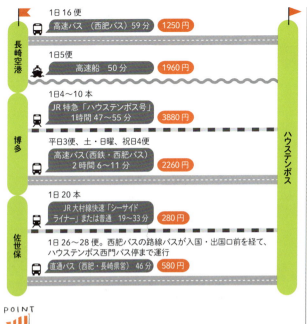

交通の問い合わせ先

JR九州案内センター
☎050-3786-1717
JR九州電話予約センター
☎050-3786-3489
JR長崎駅
☎095-822-0063
JR佐世保駅
☎0956-22-7115
JRハウステンボス駅
☎0956-59-3031
九州高速バス予約センター
☎092-734-2727
長崎県営バス
☎095-826-6221
西肥バス佐世保バスセンター
☎0956-23-2121
安田産業汽船
☎0957-54-4740

得チケット情報

ハウステンボスアクセスきっぷ
長崎発着
JR／長崎～ハウステンボスの往復乗車券→2470円
2枚きっぷ
福岡市内発着
JR／福岡市内～ハウステンボスの往復乗車券
→5040円
※ハウステンボス場内への入場券は含まれておらず、別途、1DAYパスポート等のチケットが必要。

POINT はじめの一歩

　JR利用の場合はハウステンボス駅に、各地からのバスは入国・出国口前のバス乗り場に到着する。JRの駅からハウステンボス入口までは徒歩すぐ。

●**余分な荷物を預ける**
　ハウステンボスの外にホテルを予約している人は、ホテルに行ってチェックインするか、入国棟内にあるロッカーに荷物を預けよう。スーツケースの入る大型ロッカーもある。ハウステンボス内のホテルに泊まる人は、入国棟の前にある場内ホテル手荷物預かり所で手続きをすませると、手荷物はホテルまで届けてくれる。

●**インフォメーションセンターで情報収集**
　身軽になったら、次はウェルカムゲートへ。ここで場内の地図や最新のイベント情報、交通情報などを入手してから入国しよう。

●**ハウステンボス駅は**
早岐瀬戸を挟んだ対岸にハウステンボス駅がある。売店、コインロッカー等あるが、駅は小ぶり。

●**入国棟が玄関**
入場券、インフォメーション、ロッカーなど、ハウステンボスを楽しむための窓口がすべて集まる。

ハウステンボスをつかむヒント

Ⓐ ハーバータウン
ハウステンボスのいちばん奥にあるオランダ王室の宮殿を再現した「パレス ハウステンボス」や、港町の風景が広がる。

Ⓑ タワーシティ
ランドマークタワーのドムトールンがそびえるエリア。ワールドレストラン街がある。

Ⓒ アートガーデン
花と緑のエリア。四季折々の花が咲き、初夏のバラ、冬のイルミネーションが圧巻。花々に囲まれたカフェ＆バーや観覧車もある。

Ⓓ フラワーロード
入国ゲートのすぐ左手。広がるお花畑と3基の風車が並ぶ散策エリア。四季を通じて花々が訪れる人を楽しませてくれる。

Ⓔ フォレストヴィラ
コテージタイプのホテルエリア。このほかにも、スパの施設も併設。

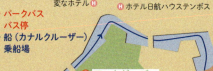

Ⓕ アドベンチャーパーク
天空の城や天空レールコースター疾風など、自然を満喫できるアスレチック施設があるエリア。大人から子どもまで、身体を動かしてスリル満点で楽しもう！

Ⓖ スリラーシティ
デジタルホラーハウスなど、さまざまなホラーアクションが集まる、世界最大級のホラータウン。毎日、イルミネーションショーも開催。

Ⓗ アムステルダムシティ
特設ステージでは毎日、仮面舞踏会パーティやライブなどのエンターテインメントが繰り広げられている。ショッピングモールや専門店街があり、買物の中心エリアでもある。

Ⓘ アトラクションタウン
VRなど最新技術を用いたアミューズメント施設が並ぶ、スリルと冒険のエリア。広場に並ぶ建物には、チーズやチョコレートのショップやレストランもある。

POINT
目的に合わせて選べる各種チケット

遊び放題のお得なチケット

●1DAYパスポート
ハウステンボスの入場とパスポート対象有料施設の1日利用。2DAY、3DAYタイプもある。
大人7000円　中・高校生6000円　子ども4600円　シニア6500円

●散策チケット
入場のみのタイプ。一部の施設は追加料金で入れる。夜だけの光のナイト散策チケットもある。
大人・シニア4500円　中・高校生3500円　子ども2200円

●アフター5パスポート　17:00以降の入場とパスポート対象有料施設とパレスハウステンボスの利用。
大人5000円　中・高校生4200円　子ども3300円　シニア4500円

●オフィシャルホテル1.5DAYパスポート　オフィシャルホテル宿泊者専用チケット。連続2日間(初日は15:00以降)の入場とパスポート対象有料施設の利用。2DAY、3DAYタイプもある。
大人9100円　中・高校生8100円　子ども6600円　シニア8600円
＊4歳未満は入場料無料(全チケット共通)

リピーターにおすすめ

●ハウステンボスリゾート年間パスポート
入場と対象有料施設がフリーになる年間パスポート。
1年間/大人2万2000円、ジュニア(4～17歳)1万6000円、シニア(65歳以上)2万円

場内の乗り物＆アクティビティ

●パークバス　ウェルカムエリアからハーバータウンのバス停との間を結ぶ場内バス。▶パスポート対象

●カナルクルーザー　全長6kmの運河をめぐるクルーザー。乗船場所はウェルカムエリアとタワーシティの2カ所。▶パスポート対象

●レンタサイクル「フィッツ」　ウェルカムエリアの「入国店」とハーバータウンの「港町店」の2カ所で貸し出し。▶9:00～20:00(最終貸し出し)▶3時間1人乗り1500円、縦型2人乗り2500円、横型2人乗り3500円、4人乗り3500円ほか。

●カートタクシー　目的地まで運んでくれる便利な簡易タクシー。貸し切りプランもある。▶1名300円、ハウステンボス1周観光20分2200円。

●エアホイール　講習を受け試験に合格すると、レンタルして場内を自由自在に走行することができる。▶試乗体験、ライセンス取得はそれぞれ1000円。レンタル60分200円。

ハウステンボスDATA

各料金は2018年4月現在。
※料金は予告なく変更される可能性がある。
※カウントダウンなど特定日は、別途料金が異なる場合がある。

ちゅーりーちゃん

●営業時間
9:00～22:00(入場締切21:00)、無休
※季節により変動
※レストランやショップ、各施設などは施設ごとに営業時間や休みが異なる。

運河をいく
カナルクルーザー

●ペット入場料
1頭テーマパークゾーン500円、ハーバーゾーン300円(ハウステンボスリゾート年間パスポート1頭3000円)

便利なカートタクシー

季節ごとに味わいが変わる

ハウステンボスの四季

花に埋もれそうな春から初夏へ。夏休みにはポンとはじけて、実りの秋へ。そして1年のフィナーレは、華やかな光の王国。ハウステンボスの多彩な魅力を楽しもう。

春

春のフラワーロードはハウステンボスのシンボル、チューリップが咲き誇る

花のあふれるシーズン開幕！

チューリップの開花とともに、花のシーズンが開幕。2月中旬から4月の「100万本の大チューリップ祭」には場内が花であふれ、春の味覚を楽しむメニューが続々と登場する。

4大花大会火の先陣、春の九州一花火大会

初夏

本格的な行楽シーズン到来！

バラが咲きだすと、季節はいよいよ初夏。5月から「バラ祭」「あじさい祭」「ゆり祭」が続き、ゴールデンウィークにはファミリー向けのイベントが盛り沢山に展開される。

ゆりのアーチをくぐって

ゆりの花で飾られた広場

あじさいの広場（上）と夜のあじさいロード（左）

ナイトローズの妖しき誘い

あふれんばかりのバラの花が街中にあふれる

72

冬

圧倒的スケールの「光の王国」

ハウステンボスの冬は、世界一のイルミネーションに彩られる華やかなシーズン。場内のすべてが光に包まれる。

クリスマスは光が街をつつみ込む

光の王国。世界最大1300万球のイルミネーションが一面に広がる

大胡蝶蘭展。蘭と壁画の間で憩う

9月の夜空は九州一花火大会が占拠

秋

実りの季節を賑やかに！

「世界フラワー・ガーデンショー」など、芸術にふれたり、10月はハロウィーン一色に。ワインやビール祭など食のイベントも充実。

世界が一堂に。フラワー・ガーデンショー

年々進化するハウステンボスのハロウィーン

夏

元気いっぱいにはじける夏！

ヒマワリがグンと背をのばす夏、場内は賑やかな南国のリズムに包まれる。水遊びの「4大ウォーターパーク」が登場。場内では夏らしいエンターテインメントがくり広げられる。

夏本番、見渡す限りヒマワリが

広々としたウォータースポット・海キングで水と遊ぶ

昼とは違った顔を見せるナイトプール

73

見る&歩く

※パスポート対象は、パスポートがあれば無料で利用できる施設を示します

フラワーロード

地図p.70／フラワーロード
ウェルカムゲートから🚶2分

　ハウステンボスに入った、すぐ左手に広がるエリア。オランダの風車とお花畑が広がり、春はチューリップをはじめ、四季折々の花が咲き誇る。フォトジェニックなシーンが楽しめる。ちょっとティーブレイクなら花畑のカフェCAFFESTへ。

💴 ミュージアムモーレン／見学自由

アドベンチャーパーク

天空の城
てんくうのしろ

地図p.70／アドベンチャーパーク
ウェルカムゲートから🚶5分

　空中に張り巡らされたルート上の障害を乗り越えてゴールへ向かう、スリル満点の空中アドベンチャー。コースの設定高度は、3ｍ、6ｍ&9ｍの2パターン。思わずすくむシーンも覚悟して。

💴 3ｍコースは初回のみパスポート対象。6ｍ&9ｍコースは1回1000円
＊ 身長等利用制限あり

アートガーデン

白い観覧車
しろいかんらんしゃ

地図p.70／アートガーデン
噴水広場から🚶3分

　全面白でデザインされた白い観覧車は、ヨーロッパの街並みに美しく溶け込み、昼は街を一望でき、夜はハウステンボスのビッグな夜景が堪能できる。

💴 パスポート割引対象／700円→600円

クレイジーハンマーキング

地図p.70／アートガーデン
白い観覧車から🚶2分

　高さ20ｍのハンマーゲームにチャレンジ。渾身のパワーで、最高得点を目指そう！

💴 パスポート対象(2回目以降は有料)

アトラクションタウン

MUSE HALL
みゅーずほーる

地図p.70／アトラクションタウン
噴水広場から🚶2分

　ハウステンボス随一の常設劇場で本格的なエンターテインメントを。「歌劇ザ・レビュー ハウステンボス」による公演をはじめ、さまざまなアーティストのコンサート

やショーが堪能できる。公演後にはピクチャーサービスも楽しみ。

💴 パスポート対象、散策チケットの場合500円、
　1日通し券1000円

ショコラ伯爵の館
しょこらはくしゃくのやかた

地図p.70／アトラクションタウン
噴水広場から🚶2分

甘いチョコレートがモチーフのアトラクション。チョコで財を成したショコラ伯爵がいざなう、甘い世界。チョコドリンクが出てくる蛇口など、チョコが主役の不思議な空間を見て触って、味わい、さ迷い歩く。チョコファン必見の館。

💴 パスポート対象（一部有料）

フラワーアイスカフェ

地図p.70／アトラクションタウン
噴水広場から🚶2分

カフェの中はマイナス10度の凍てつく世界。テーブルもベンチも素材は氷。店内にある、美しいオブジェなども氷でできている。青白く静かな異空間は、フォトスポットとしても大人気。夏は、カップルやファミリーでにぎわう。ドリンク類は有料。

💴 パスポート対象　＊1グループにつき1杯以上のドリンク購入が必要

VR-KING
ぶいあーるきんぐ

地図p.70／アトラクションタウン
噴水広場のすぐそば

世界最強のＶＲジェットコースターに挑戦。高度300ｍからの垂直落下はなんと世界最速の時速270km。その後もＶＲ空間をハイスピードとスリル感は緩むことなく、全長3000ｍを怒涛のように疾駆する。スピードと超絶のＶＲ空間は、ぜひ体験を。

💴 パスポート対象（2回目以降は有料）
　＊身長・年齢制限等あり

バハムートディスコ

地図p.70／アトラクションタウン
噴水広場のすぐそば

450度の映像空間の中で、光と音に合わせてビートを刻む体感型音楽アトラクション。専用ゴーグルも不要で、子どもから大人まで楽しめる。

© SQUARE ENX co,.LTD All Rights Reserved.

💴 パスポート対象（2回目以降有料）

ロボットの館
ろぼっとのやかた

地図p.70／アトラクションタウン
噴水広場から🚶3分

日本の最先端のいろいろなロボットが集合。なかでも実際に搭乗して操縦できる「バトルキング」（別途有料）は大人気。さまざまな体験が待っているロボットミュージアム。

💴 パスポート対象

ホライゾン・アドベンチャー・プラス

地図p.70／アトラクションタウン
噴水広場から🚶1分

長い年月、海との過酷な戦いをくぐり抜けてきたオランダの苦難を実感するのがここ。800tの水を使った洪水を、迫力満点のシミュレーションで体験できる。

💴 パスポート対象

スリラーシティ

監禁病棟
かんきんびょうとう

地図p.70／スリラーシティ
アトラクションタウンから🚶3分

診察に訪れた患者から、臓器や骨、眼球を収集する院長は、もしかして人造人間を作ろうとしているのだろうか。荒れ果てた病院を舞台に展開する、背筋が凍るような猟奇的なホラーの世界が待ち受けている。果たして無事この悪夢のような世界から生還できるのだろうか。

💴 パスポート対象

ダンジョン・オブ・ダークネス
〜闇の迷宮〜
だんじょん・おぶ・だーくねす〜やみのめいきゅう〜

地図p.70／スリラーシティ
アトラクションタウンから🚶3分

闇の魔王の復活を阻止すべく、勇者たちが漆黒の世界へ向かう。最新のARシステム装置HADOは、腕に着けて動かすとパワーを発揮でき、その力で闇の魔王を駆逐する。まるでゲームの世界に入り込んだような感覚が味わえる。

💴 パスポート対象

デジタルホラーハウス

地図p.70／スリラーシティ
監禁病棟から🚶2分

タブレット端末を使った日本初のホラーアトラクション。謎のウイルスに感染したゾンビが巣くう研究所を調査しよう！リアルなサウンドとデジタル演出が体感できる。

💴 パスポート対象

VR心霊百物語
ぶいあーるしんれいひゃくものがたり

地図p.70／スリラーシティ
アトラクションタウンから🚶5分

　ＶＲで体験する心霊スポット探検アトラクション。何かが出ると噂される廃屋の病院へ。するとひりひりするような恐怖が足元から湧いてくる。実は本当に出たりして。

💰 パスポート対象

アムステルダムシティ

釣りアドベンチャー
つりあどべんちゃー

地図p.70／アムステルダムシティ
アムステルダム広場から🚶3分

　約520インチの巨大な釣り堀型ディスプレイの中で泳ぐ巨大魚を、竿型コントローラーで釣り上げるフィッシングゲーム。あたりや釣り上げるときの重さのリアル感がたまらない。

©BANDAI NAMCO Entertainment Inc.
開発：バンダイナムコエンターテインメント

💰 パスポート対象（2回目以降有料）

ギヤマンミュージアム

地図p.70／アムステルダムシティ、スリラーシティから🚶3分

　19世紀のボヘミアングラスの収集では国内でも屈指のガラス工芸品の博物館。オランダのハーグ市にある15世紀の市役所を再現したスタッドハウスの中にある。

🚫 婚礼時は休館になる
💰 パスポート対象

DRAGON WORLD TOUR
どらごんわーるどつあー

地図p.70／アムステルダムシティ
アムステルダム広場から🚶3分

　メリーゴーラウンドとＶＲが合体した新体験ツアー。ＶＲのドラゴンがバーチャルな世界に誘う。VRをつけず、通常のメリーゴーラウンドとしても楽しめる。

💰 パスポート対象

タワーシティ

ドムトールン

地図p.70／タワーシティ
アムステルダム広場から🚶3分

　オランダでもっとも古く、もっとも高いゴ

ハウステンボス

シック様式の教会の鐘楼を再現したもので、ハウステンボスのランドマークタワー。エレベーターで地上80mの展望室に登れば、ハウステンボスの街並みと大村湾を一望できる。

💰 パスポート対象、プレミアムラウンジは＋500円〜

ハーバーゾーン＆パレス ハウステンボス

ハーバーゾーンのみの入場料は1000円。パレス ハウステンボスなど、ハーバーゾーン内の施設の見学には別途現金が必要。

ポルセレインミュージアム

地図p.70／ハーバーゾーン
ハーバーゲートから🚶3分

焼きものの東西交流の足跡を古伊万里を中心に紹介する陶磁器の博物館。ドイツのシャルロッテンブルグ宮殿の「磁器の間（ポルセレイン・キャビネット）」を再現した華麗な室内には、復元した中国や古伊万里などの陶磁器約3000点を展示。陶磁器の東西交流を示す展示や、17〜19世紀の最盛期の伊万里を展示する部屋もある。

💰 パスポート対象

パレス ハウステンボス

地図p.70／パレス ハウステンボス
ハーバーゲートから宮殿のゲートまで🚶5分

ハウステンボスの名の由来となった宮殿の外観をオランダ王室の特別な許可を得て、細部に至るまで忠実に再現。宮殿の背後に広がる18世紀の様式を再現したバロック式庭園は必見。内部には美術館と貸しギャラリーがあり、さまざまな企画展を開催している。

💰 700円、パスポート割引対象／500円

TEKU TEKU COLUMN

リゾートの休日に癒しの時を
The Life Spa RIN

ハウステンボス滞在に、ぜひ加えたいのがリラクゼーションタイム。ホテルヨーロッパ内のスパ「RIN ホテルヨーロッパ」と、湖畔にコテージが並ぶフォレストヴィラの「RIN ウェルネス」がある。

フェイシャルやオイルボディトリートメントなど、ホテルヨーロッパで味わうリラクゼーションはまさにゴージャス。またウェルネスではボディやフェイシャルのトリートメントのほかにスムースフット、ヘッド＆ネック、着衣のまま受けるすっき

りボディケアなど、プログラムもいろいろ。好みのスタイルが選べ、優雅で贅沢なひと時を過ごせる。

●RIN ホテルヨーロッパ 15:00〜最終スタート20:30（当日予約は18:00）／RIN ウェルネス 11:00〜最終スタート21:00 ●予約・受付 📞0956-27-0503（11:00〜21:00）

食べる

ファストフードやカフェはあちこちにあるが、本格的なレストランが集中しているのはタワーシティのレストラン街。アトラクションタウンやアムステルダムシティにもレストランがある。豪華に食事したい時は、場内ホテルのレストランへ。いつ、どこで食べるか、あらかじめ心づもりをしておこう。

タワーシティ／イタリア料理
プッチーニ

地図p.70
アムステルダム広場から🚶2分

ローマの廃墟をイメージした店内で提供されるのは、本格的なイタリアの味。ランチタイムなら価格もリーズナブル。ディナーには地元長崎の豊かな旬の食材を取り入れたアラカルトが楽しめる。なかでもチーズの香りが際立つ「フェトチーネ・オリジナーレ」は絶品の一皿。

- 🕐 11:00〜21:00（ほか季節変動あり）
- ¥ フェトチーネオリジナーレ1560円 ロッシーニコース（ディナーのみ）5500円

ハーバータウン／和食
花の家
はなのや

地図p.70
ハーバースクエアから🚶2分

長崎ゆかりの和食を味わうならここ。四季折々の旬が楽しめる。おすすめは昼の長崎定食や、夜なら長崎和牛三昧膳を。

- 🕐 11:00〜21:00（ほか季節変動あり）
- ¥ ランチの長崎定食1680円 長崎和牛三昧膳2980円

アドベンチャーパーク／ブッフェ
健康レストラン オーラ -AURA-
けんこうれすとらん おーら

地図p.70
アドベンチャーパーク奥、変なホテルのそば

食がカラダ（健康）を作るという考えのもと作られた料理をブッフェスタイルで味わう。「ながさき地産地消こだわりの店」の認定店。

- 🕐 11:30〜14:00、17:00〜21:00
- ¥ ランチブッフェ1880円 ディナーブッフェ2880円 土・日曜日、祝日等繁忙日は+100円

アトラクションタウン／チーズ料理
チーズワーフ

地図p.70
噴水広場から🚶1分

オランダのホールン市のチーズ計量所をモデルに造られ、乳文化をテーマにした館内には、1階に軽食コーナーとナチュラルチーズを揃えたショップがある。本格的なチーズファオンデュは2階で楽しめる。おすすめはワーフフォンデュ。

- 🕐 9:00〜21:00（ほか季節変動あり）
- ¥ ワーフフォンデュ1860円（注文は2人前から）

タワーシティ／ちゃんぽん・皿うどん
悟空
ごくう

地図p.70
アムステルダム広場から🚶2分

長崎の定番、ちゃんぽんや皿うどんの専門店。地元特産のうちわ海老を丸ごと1尾使ったハイブリットちゃんぽんが人気。ほかに小籠包や杏仁豆腐などもある。

- 🕐 11:00〜21:00（ほか季節変動あり）
- ¥ うちわ海老ちゃんぽん1780円、細麺皿うどん1050円

タワーシティ／イタリア料理
ピノキオ

地図p.70
アムステルダム広場から🚶2分

タワーシティにある、パスタやピザを中心にしたカジュアルなレストラン。この店でいちばんの人気はピノキオ特製ポテトとベーコンのピザ。有田焼の技術を応用した釜でパリッと焼き上げる。

🕐 11:00～21:00（ほか季節変動あり）
¥ ピノキオ特製ポテトとベーコンのピザ1300円

タワーシティ／カフェ＆スイーツ
カフェデリ プリュ

地図p.70
アムステルダム広場から🚶2分

ティータイムにはもちろん、軽い食事にもぴったりなのがこの店。季節の味を取り入れたこだわりのスイーツ類や香り豊かなベーカリー、ハンドメイドのデリカテッセンなど、ホテルヨーロッパのリッチな味がイート・インで楽しめる。テイクアウトもできるので気軽に楽しみたい。

🕐 10:00～21:00（ほか季節変動あり）
¥ ケーキ700円～
　サンドイッチ700円～

タワーシティ／肉料理
ロード・レーウ

地図p.70
アムステルダム広場から🚶2分

お肉をがっつり食べたいときはここへ。人気メニューはやはり佐世保発祥のレモンステーキ。ほかにも自家製ローストビーフ丼やチーズフォンデュなど目白押し。

🕐 11:00～15:00、17:00～21:00（ほか季節変動あり）
¥ レモンステーキ1680円 自家製ローストビーフ丼1980円

買う

全エリアにいろいろなショップが点在しているが、いちばん集中しているのがアムステルダムシティの専門店街とショッピングモール「ヨーロピアンヴィレッジ」、「パサージュ」。アトラクションタウンやハーバータウンにもショップがある。買い物だったら、このゾーンをお見逃しなく！

アトラクションタウン／カステラ
カステラの城
かすてらのしろ

地図p.70
噴水広場から🚶2分

ハウステンボスオリジナルのカステラをはじめ、五三焼きなど、多種多彩なカステラを販売。長崎県産のカステラはほぼ網羅していて、カステラ好きにはたまらない空間だ。注目は、毎日開催される食べ比べ会。数種類のカステラの味を、じっくり確かめられると好評。

🕐 9:00～22:00（ほか季節変動あり） ¥ カステラ各種300円ぐらいから

> アムステルダムシティ／お菓子

お菓子の城
おかしのしろ

地図p.70
アムステルダム広場から🚶5分

おとなから子どもまで、いつも楽しい声が上がるのがお菓子の城。店内はビッグなキャンディタワーが待ち受け、キャラメルや焼菓子など、多種多彩なお菓子があふれている。人気のロイヤルブリュレドバームクーヘンなど、ハウステンボス限定品を探すのも楽しみ。

- 🕐 11:00～21:00（ほか季節変動あり）
- 💰 ロイヤルブリュレドバームクーヘン1450円

> アムステルダムシティ／チーズ専門店

チーズの城
ちーずのしろ

地図p.70
アムステルダム広場から🚶3分

チーズがテーマだけに、日本をはじめ世界中の有名なチーズが勢揃い。本場ヨーロッパ各地のチーズがオーダーカットで買えるのもうれしい。

また、毎日3回実施のチーズの食べ比べ試食会も好評で、人気のクリームチーズなど6種類が用意されている。

- 🕐 11:00～21:00（ほか季節変動あり）
- 💰 ラクレットチーズ100g 700円～

> アムステルダムシティ／九州みやげ

九州の城
きゅうしゅうのしろ

地図p.70
アムステルダム広場から🚶5分

佐賀のイカ加工品、長崎のちゃんぽんに皿うどん、福岡なら明太子、大分の椎茸、宮崎・鹿児島の焼酎など、オール九州の名産品が勢ぞろい。調味料や水産加工品、和菓子などのスイーツから酒・ワインまで、オールラウンドに揃っている。ここならではの逸品も多く、おみやげにまとめ買いして、宅配する手も有効。

- 🕐 11:00～21:00（ほか季節変動あり）
- 💰 やまや九州限定辛子明太子 1300円～

> アムステルダムシティ／ワイン専門店

ワインの城
わいんのしろ

地図p.70
アムステルダム広場から🚶5分

地元九州ワインから世界各地の有名ワインまで、その数約500種が集まるワインの殿堂。常時16種類のワインの試飲ができ、ワイン好きにはたまらない。また、ピノキオなど場内のレストランにここで購入したワインの持ち込みができるのも、うれしいサービス（持込み料500円）。

- 🕐 11:00～21:00（ほか季節変動あり）
- 💰 モスカート ダスティ（ハウステンボス独占販売2310円）

> アムステルダムシティ／オランダ民芸品

オランダの館

地図p.70
アムステルダム広場からすぐ

定番の木靴をはじめ、オランダの民芸品が並んでいて、ハウステンボスらしいおみやげをさがすにはうってつけ。かわいい木靴を見つけて、我が家のデコレイトにいかが。もちろん履けるのもある。お店では「木靴絵付け体験」（木靴代1130円～＋220円、所要30分）もやっていて、こちらは、家族連れに好評。

- 🕐 9:00～21:00（ほか季節変動あり）
- 💰 木靴のキーホルダー 630円～

ハウステンボス

アムステルダムシティ／キャラクターグッズ	ウェルカムエリア／雑貨	アムステルダムシティ／香り雑貨
## ナインチェ	## リンダ	## アンジェリケ

ナインチェ

地図p.70
アムステルダム広場からすぐ

ナインチェとはミッフィーの故郷オランダでの名前。世界中で愛されているミッフィーグッズが揃っているショップ。オランダ直輸入も含め、取り扱うアイテム数は世界最大級。オランダの民族衣装姿のハウステンボスオリジナルのぬいぐるみなど、ファンならずともカワイイ！アイテムがいっぱい集まっている。

© Mercis bv

- 🕘 9:00〜21:00（ほか季節変動あり）
- 💴 民族衣装ミッフィーぬいぐるみ

リンダ

地図p.70
ウェルカムゲートゲートから🚶2分

テディベアの専門店。扱っているアイテムは、本場ドイツのシュタイフ社やイギリスのメリーソート社、国内産など約1000種。テディベアに目がないファンにとって聖地のような店。ここでしか手に入らない限定ベアも。

- 🕘 11:00〜21:00（ほか季節変動あり）
- 💴 レインボーフラワーベア1850円〜
  フロスティベア1050円〜

アンジェリケ

地図p.70
アムステルダム広場から🚶1分

花柄のグッズと香水、アロマキャンドル、バスグッズなど香り系の雑貨で、女性に人気。ハウステンボス限定のオードトワレや香水も取り揃えている。バラをモチーフにしたハンカチや、バラ茶やハーブ茶なども。各種バラの香りをブレンドして、世界で唯一の香り袋を作る体験コーナーもあり好評。

- 🕘 9:00〜21:00（ほか季節変動あり）
- 💴 ハンドクリーム マダム・バタフライ780円

宿泊ガイド

ハウステンボス内 ホテルヨーロッパ	📞0570-064-300／地図：p.70／310室／2名1室1人朝食付き2万5800円〜●花と音楽と食にあふれる九州随一のクラシックスタイルのホテル	
ハウステンボス内 ホテルアムステルダム	📞0570-064-300／地図：p.70／202室／2名1室1人朝食付き2万100円〜●テーマパークゾーン唯一のカジュアルなホテル	
ハウステンボス内 フォレストヴィラ	📞0570-064-300／地図：p.70／104戸／メゾネット5人利用で1人1泊朝食付き1万2700円〜●美しい森と湖に面した別荘風のコテージ	
ハウステンボス内 変なホテル	📞0570-064-110／地図p.70／144室／スーペリアタイプ4名1室利用で1人1泊朝食付き8700円〜●世界初のロボットが対応するホテル	
ハウステンボス周辺 ホテル日航ハウステンボス	📞0956-27-3000／地図：p.70／377室／朝食付き①シングルユース1万700円〜、①1万8400円〜●2日目の再入場は無料　出国口に隣接する宮殿のような白亜のホテル	
ハウステンボス周辺 ホテルオークラJRハウステンボス	📞0956-58-7111／地図：p.70／320①／①3万2400円〜※日帰り入浴1750円※2日目の再入場は無料●アムステルダム中央駅を模した壮麗な建物	

させぼ　　地図　　p.122-F

佐世保

アメリカンフレーバー漂う
港町・佐世保

　1889（明治22）年に帝国海軍の鎮守府がおかれて以来、軍港としての歴史を刻み続けてきた佐世保。現在も米軍と海上自衛隊の基地があり軍港としてのイメージが強いが、市街地からちょっと足をのばせば無数の小島が点在する美しい九十九島（くじゅうくしま）など、自然あふれるエリアもある。平戸やハウステンボスへの起点として泊まる時も、時間を割いてアメリカンフレーバー漂う港町の魅力を楽しもう。

佐世保への行き方・はじめの一歩

　長崎からはJR大村線の快速または普通列車で1時間45分〜2時間30分、1650円で1日24本。高速バスなら1時間25〜42分、1500円で1日26便。長崎空港からは高速バスで1時間31〜37分、1400円で1日10便。博多からはJR特急「みどり」で1時間42〜58分、3880円で1日16本。高速バスは2時間10〜23分、2260円、1日34〜35便。

　JRも松浦鉄道も、佐世保駅に到着する。観光情報センターがあるのも駅構内。長崎やハウステンボス、博多など各地からの中・長距離バスが到着するのは、駅前のホテルリソル佐世保1階にある西肥バスの佐世保バスセンター。隣に、弓張岳やパールシーリゾート行きの市内の路線バスが発着する佐世保市営バスのターミナルがある。

エリアの魅力

観光ポイント
★★★

食事ポイント
★★★★★

レストランの多くはアーケード内とアーケードの周辺に集中している。米軍基地の近くにもハンバーガーショップがある。

ショッピング
★★

交通の便
★★

弓張岳などへは佐世保市営バスを利用。弓張岳山頂まで約30分。

問い合わせ先

佐世保観光情報センター（駅構内）
☎0956-22-6630
佐世保観光コンベンション協会
☎0956-23-3369
JR佐世保駅
☎0956-22-7115
松浦鉄道佐世保駅
☎0956-25-2229
市営バスセンター
☎0956-25-5112

佐世保市内の歩き方

　市の中心を一直線に貫いているのが、長さ約1kmに及ぶ日本最長のアーケード街「さるくシティ403」。大人気の佐世保バーガーの店も、このアーケード周辺に点在している。市内のほとんどの見どころは、駅から徒歩圏内。

見る&歩く

さるくシティ403
さるくしてぃ403

地図p.84
佐世保駅から🚗3分、または🚶10分

島瀬公園を挟んで、四ヶ町とサンプラザの2つのアーケードからなる約1kmの長い商店街。四ヶ町の周辺はネオン街。サンプラザと平行する通りは外人バー街で、佐世保バーガーの店もあちこちにある。夕方には、基地での任務を終えた米兵や学校帰りの若者たちで賑やかになり、町は一気にアメリカンなムードに包まれる。

佐世保公園
させぼこうえん

地図p.84
佐世保駅から🚗で5分、または🚶15分

佐世保川に架かるアルバカーキ橋を渡った先にある緑のオアシス。川に沿って気持ちのいい空間が広がる。公園の先を取り巻くように続いているフェンスの先は米軍基地。

> **POINT** てくナビ／玉屋の角を西に入るとアルバカーキ橋まではすぐ。橋の袂には小さな恵比寿神社がある。

TEKU TEKU COLUMN

日本遺産を巡る「海軍さんの散歩道」徒歩ツアー

佐世保観光情報センターによる「地元ガイドと巡るまち歩き」8コースの内のひとつ。毎週金曜日に実施される20名限定のツアーで、海上自衛隊OBのガイドで、普段入ることができない海上自衛隊の総監部や、第2次世界大戦中の地下壕「防空指揮所」が見学できる。昼食は護衛艦「くらま」の艦内食堂を模したくらま食堂で、明治期のレシピによる海軍カレーが提供される。明治以降軍港として発展してきた港町・佐世保の知られざる一面を知るのにふさわしいツアー。所要約4時間。詳細は下記へ。

▶佐世保観光情報センター☎0956-22-6630 ▶所要3時間30分 ▶料金2400円

84

海上自衛隊佐世保史料館
かいじょうじえいたいさせぼしりょうかん

地図p.84
駅前バスターミナルから🚌バス日野峠・SSK方面行き10分、🚏佐世保総合医療センター入口下車、🚶2分

旧海軍の遺産の継承を目的とした施設。海軍士官の集会所として1898（明治31）年に造られた水交社の一部を修復し、7階建ての新館「セイルタワー」を増築した。旧海軍時代から現在までの歴史や活動を年代ごとに展示している。

📞 0956-22-3040
📍 上町8-1　🕘 9:30〜17:00（最終入館16:30）
❌ 第3木曜・年末年始　💴 無料　🅿 20台

POINT てくナビ/バスを使わない場合、佐世保駅から歩いて20分弱。途中の大半がアーケード街だから、長歩きも苦にならない。

九十九島パールシーリゾート
くじゅうくしまぱーるしーりぞーと

地図p.122-F
駅前バスターミナルから🚌市営バスパールシーリゾート・九十九島水族館行き25分、終点下車、🚶1分

西海国立公園の美しい海をクルーズする

九十九島遊覧の起点となる海辺の施設。ここから毎日遊覧船「パールクィーン」「海賊遊覧船みらい」が出航する。ほかに無人島上陸やエサやり体験クルーズなどもある。また、リゾート内の九十九島水族館「海きらら」には、屋外型の「九十九島湾大水槽」やイルカが泳ぐプール、クラゲを展示した幻想的なシンフォニードームなどがある。

📞 0956-28-4187　📍 鹿子前町1008
🕘 遊覧10:00〜17:00運航　💴 乗船料:1400円
パールクィーン号／1日5〜8便、所要約50分
みらい号／1日4〜7便、所要約50分
九十九島水族館海きらら
🕘 9:00〜18:00（11〜2月〜17:00）、最終入館30分前　❌ 無休　💴 1440円　🅿 700台（有料）

佐世保

TEKU TEKU COLUMN

豪華バス「海風」で巡る佐世保＆九十九島

　市内中心部から少し離れた観光スポットをまわるのに便利なのが、毎日3便運行されているSASEBOクルーズバス「海風」のツアー。コースは⒜九十九島を間近に感じる「船越展望」90分コース、⒝SASEBO市街地と九十九島を望む「弓張岳」100分コース、⒞九十九島をパノラマで楽しむ「展海峯」100分コースの3本。いずれも佐世保市内の海軍などの歴史遺産と九十九島の眺望を組み合わせたツアーで、九十九島パールシーリゾートにも立ち寄る。出発の20分前までに駅の観光センターでチケットを購入。GWなど繁忙期は混むので電話やネットで事前予約がベスト。

● 予約先:佐世保観光情報センター
📞 0956-22-6630、www.sasebo99.com
● 佐世保バスセンター発⒜10:30、⒝13:10、⒞15:40。（ハウステンボス発着便もある）
● 大人1800円、子ども900円
● 木曜休（繁忙期は除く）

食べる

下京町／居酒屋
ささいずみ

地図p.84
JR佐世保駅から🚶7分

昼は食事、夜は大衆居酒屋として地元の人に愛されている店。1階はかなり広く、ロの字のカウンターの中に大きないけすがいくつもあり、長崎近海の旬の魚やイカが泳ぐ。その場でさばいたイカの透き通った刺身は絶品。2階は座敷になっていて少し高級感があり、毎夜宴会で賑わっている。ランチもやっていて、寿司、てんぷらと、定食類は多彩。食後のデザートも豊富だ。

📞0956-23-3933　📍下京町4-4
🕐11:00～23:00（LOフード22:15、ドリンク22:40）
休月曜　¥すりみ寿司御膳910円、あら煮ささ御膳1280円、イカの活造り2000円～、あじの活造り700円～、ばってら6貫700円
Ｐあり（有料）

佐世保中央駅周辺／パーラー
白十字パーラー
はくじゅうじぱーらー

地図p.84
佐世保駅から🚶10分

佐世保の銘菓ぽるとの総本舗にあるパーラー。ジョッキにあふれんばかりにトッピングされたパフェが名物。トルコライスやデミグラスソースのオムライス（900円）など、洋食のメニューもある。夏季限定のミルクセーキもおすすめる。

📞0120-022-831
📍本島町4-19
🕐11:00～19:00（18:00LO）
休無休
¥チャレンジパフェ各種925円
Ｐ近隣の有料P利用

TEKU TEKU COLUMN

至福の佐世保バーガー巡り

今や佐世保のソウルフードともいわれる佐世保バーガー。本場アメリカのバーガーが海軍関係者から伝わったのが昭和25年頃、その後日本人の口に合うように、改良進化して今日のスタイルになった。

現在、佐世保バーガーと認定されているバーガーショップは市内に16軒。いずれ劣らず個性的なつわものぞろいだ。そのうちの4店を、イチ押しのバーガーとともに紹介したい。

ミサロッソ

地図p.84外
佐世保市役所前📍から🚶3分　📞0956-24-6737
📍万徳町2-15
🕐10:00～20:00
休月曜（祝日の場合は営業）　Ｐあり

ダントツ人気のミサモンスター680円。具材も厳選、何とパンは自家製。

ビッグマン

地図p.84
佐世保駅から🚶10分
📞0956-24-6382
📍上京町7-10
🕐10:00～22:00（21:30LO）
休不定　Ｐなし

元祖ベーコンエッグバーガー650円。桜の原木でスモークした自家製ベーコンが絶品。

ログキット本店

地図p.84
佐世保駅から🚗で5分
📞0956-24-5034
📍矢岳町1-1 2F
🕐10:00～20:00LO
休火曜
Ｐなし（近くにコインP）

おすすめは直径15cmもあるスペシャルバーガー880円。

ホテルリソル佐世保

地図p.84
佐世保駅から🚶1分
📞0956-24-9269
📍白南風町8-17
🕐11:30～14:00、17:30～21:00
休不定
Ｐ提携Pあり

伝わった当時のバーガーを忠実に再現した復刻バーガー780円。ポテトフライ付き。

ひらど　　　地図　　p.122-B

平戸

南蛮文化とキリシタン
歴史が香るロマンの島

　遣隋使の昔から海外との中継役を果たしてきたこの島に、南蛮船がはじめて姿を見せたのが1550 (天文19) 年。その日から長崎にオランダ商館が移されるまで、平戸はオランダ船やイギリス船が錨を下ろす南蛮貿易の拠点港として栄えてきた。静かな港町には、いまも当時の面影を残す史跡が豊かな自然の中に点在している。

平戸への行き方

　平戸の玄関口となるのは佐世保(p.83)。佐世保から、バスか松浦鉄道を利用する。バスは西肥バスで所要1時間32〜40分、1500円で1日18〜19便、市中心部の平戸桟橋に着く。鉄道の場合は松浦鉄道のたびら平戸口駅から路線バスに乗り継ぐが、接続はよくない。

はじめの一歩

　佐世保からのバスは、平戸桟橋の西肥バスターミナルに到着する。島内各地へのバスも発着。観光案内所は平戸港交流広場にある。見どころはターミナルから中心部にかけて集中している。
　松浦鉄道でたびら平戸駅に着いた場合、駅から徒歩5分ほどの♀平戸口桟橋から乗車。こちらなら30分おきにバスが運行している。

エリアの魅力

観光ポイント
★★★★
食事ポイント
★★★
ショッピング
★★

立ち寄り湯
★★★
交通の便
★

必見スポット
松浦史料博物館、
平戸オランダ商館
標準散策時間：3時間
市内の見どころはほぼ徒歩でまわれる。

問い合わせ先

平戸観光協会
☎0950-23-8600
平戸観光ウェルカムガイド
☎0950-23-8210
西肥バス佐世保BC
☎0950-23-2121
観光タクシー
マンボウタクシー
☎0120-45-1199
レンタサイクル
平戸観光案内所
☎0950-25-2015

平戸の歩き方

　島内のバスは本数が少ないので、徒歩が基本。歩くのが苦手ならタクシーの観光コースもあるし、レンタサイクル (4時間500円) もある。平戸観光協会が紹介するタクシーを使ったガイド付き観光コースもある。1人1万2500円〜 (1人追加毎に+300円〜) で4コース。当日の申込も可。問い合わせは観光協会へ。

MAP てくさんぽ

平戸
ひらど

西洋との出会いが始まった町平戸は、歴史の香り豊かな港町。古刹、教会からお城まで。さらに南蛮ゆかりのスイーツから新鮮な海産物まで、グルメの楽しみも尽きない。

01 見学20分

平戸オランダ商館
ひらどおらんだしょうかん

1639年にオランダ商館内に完成した倉庫を復元した建物で、白亜の外観が美しい。→p.90

☎ 0950-26-0636／📍 大久保町2477／🕘 8:30～17:30／休 毎年6月第3週の火～木曜／¥ 300円

オススメ!

02 オランダ煎餅500円

江代商店
えしろしょうてん

駄菓子屋さんの奥で、焼かれたオランダ煎餅やオランダ焼きは、素朴な味わいが何ともいえない。

☎ 0950-22-2010／📍 崎方町838／🕘 6:30～18:30／休 不定

03 見学20分

崎方公園
さきかたこうえん

みやんちょ商店街の山側に整備された公園内には、展望デッキのほかにフランシスコ・ザビエルの渡来を記念した石碑や江戸時代に幕府の外交顧問として活躍した三浦按針の墓などがある。

04 ピザ850円～

Kitchen眺望亭
きっちんちょうぼうてい

松浦史料博物館併設のカフェでは、パスタ、ピザなどイタリアンと平戸の眺望が同時に楽しめる。

☎ 0950-22-7898／📍 鏡川町12／🕘 11:30～14:00 LO（金～日曜は17:00～20:00LOも）／休 月曜

05 体験20分

平戸温泉 うで湯あし湯
ひらどおんせん うでゆあしゆ

足湯にうで湯がくっついたユニークな共同湯。街歩きの休息スポットとして観光客にも人気。

☎ 0950-22-4111（平戸市観光課）／📍 崎方町776-9／🕘 8:00～21:00／休 無休／¥ 無料

06　見学10分
寺院と教会の見える風景

みやんちょ商店街から路地に入り、石段を上がっていくと、瑞雲寺と光明寺の境内越しにザビエル記念聖堂の尖塔が見えてくる。西洋と東洋の聖なる空間が重なることのミスマッチが、違和感なく平戸らしい風景として定着している。

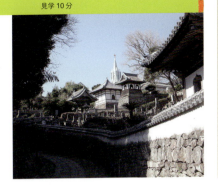

まわる順のヒント

HINT

小さな町なので、思いのほか早く回れる。時間が余れば健さん主演の映画「あなたへ」のロケ地、薄香(うすか)港に足をのばしてみては。車で15分ほどだ。

07　見学20分
聖フランシスコ・ザビエル記念聖堂

ゴシック様式の尖塔は平戸のシンボルのひとつ。和洋が調和する内部も見逃せない。→p.91

☎0950-22-2442／鏡川町259-1／6:00〜16:30(日曜・祝日10:00〜)／無休／志納

08　平戸ちゃんぽん 710円
一楽
いちらく

創業85年の、地元に愛される大衆食堂で、平戸ちゃんぽんを味わおう。濃厚だが後味すっきり。→p.92

☎0950-22-2269／木引田町477／11:00〜15:00、17:30〜21:00／月曜(休日は営業)

09　見学5分
幸橋
さいわいばし

江戸初期、寛文年間に架けられたアーチ型の石橋で、鏡川が平戸湾に流れ込むところにある。オランダ商館の建設に携わった石工たちの手によるもので、オランダ橋とも呼ばれている。

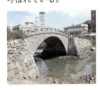

10　カスドース 162円
平戸蔦屋本店
ひらどつたやほんてん

ポルトガル伝来の南蛮菓子のひとつである、カスドースで知られる老舗の和菓子店。→p.92

☎0950-23-8000／木引田町431／9:00〜19:00／無休

11　牛蒡餅5本入り 432円
牛蒡餅本舗 熊屋

手作りの牛蒡餅で知られる老舗の菓子店。ほかには麩まんじゅう108円や洋菓子なども好評。

☎0950-22-2046／魚の棚町324／8:30〜19:00(日曜・祝日〜18:00)／無休

12　見学30分
最教寺
さいきょうじ

西の高野山と呼ばれる古刹。霊宝館には貴重な文物が展示。また子泣き相撲でも有名。→p.91

☎0950-22-2669／岩の上町1206-1／8:30〜17:00／無料／400円(霊宝館・三重塔)

13　見学30分
平戸城
ひらどじょう

天守最上階の外の回廊を巡れば、市街地、田平港、平戸大橋まで360度の絶景が。→p.91

オススメ

☎0950-22-2201／岩の上町1458／8:30〜17:30／12/30・31／510円

平戸

見る&歩く

平戸オランダ商館
ひらどおらんだしょうかん

地図p.90-A
平戸桟橋から🚶5分

平戸オランダ商館跡地に、巨大な石造りの倉庫が復元された。オランダ商館は1609年に平戸に設置され倉庫も建設されたが、禁教令下に破壊され、1641年に長崎の出島に移転した。

📞0950-26-0636 📍大久保町2477 🕐8:30～17:30 休6月第3週火～木曜 ¥300円、松浦史料博物館との共通券600円 Ⓟ交流広場のP利用

POINT てくナビ／途中、オランダ塀や、オランダ井戸などがあるので、寄り道しながら向かいたい。

みやんちょ商店街
みやんちょしょうてんがい

地図p.90-A
平戸桟橋から🚶2分

平戸のメインストリート。みやげ物屋や食堂などが賑やかに並ぶ通りが大変身。電信柱がなくなり、通りの建物も黒褐色の板壁と白い漆喰に統一され、風情漂う通りに変身しつつある。

松浦史料博物館
まつらしりょうはくぶつかん

地図p.90-A
平戸桟橋から🚶5分

旧藩主・松浦家の邸宅を前身とする堂々たる建物で、歴代藩主の武具や什器、渡来物などを展示。館前の茶室「閑雲亭」では茶菓子付きの抹茶(500円)が楽しめる。

📞0950-22-2236 📍鏡川町12 🕐8:30～17:30 休12/29～1/1 ¥510円 Ⓟあり

90

聖フランシスコ・ザビエル記念聖堂
せいふらんしすこ・ざびえるきねんせいどう

地図p.90-A
松浦史料博物館から🚶10分

1931(昭和6)年に建てられたゴシック様式の教会で、正式名称は「平戸ザビエル記念教会」。1971年にザビエル来島の記念像が立てられたことから、この名で呼ばれるようになった。土・日曜のミサ以外の時間帯なら入館できる。西洋と東洋が溶け合った美しい教会の内部も見学しよう。

📞 0950-22-2442　📍鏡川町259-1
🕐 6:00～16:30(日曜・祝日は10:00～)
休 無休(ミサ除く)　¥ 見学志納　P あり

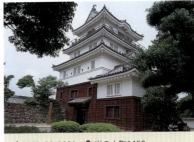

📞 0950-22-2201　📍岩の上町1458
🕐 8:30～17:30　休 12/30・31
¥ 510円(天守)　P あり

POINT てくナビ／亀岡公園を抜けて平戸城の天守へ。公園はかつての一の丸、二の丸にあたり、当時の石垣がほぼ現存している。

平戸城
ひらどじょう

地図p.90-B
ザビエル記念聖堂から🚶10分

1707(宝永4)年、山鹿流兵法の縄張で築城され、明治維新まで松浦氏の居城として使われた名城・亀岡城の跡。海を見渡す緑の高台に、1962(昭和37)年に再建された白亜の模擬天守がそびえ、眺望は最高。遙か彼方の壱岐の島影まで見渡せる。

最教寺
さいきょうじ

地図p.90-B
オランダ橋から🚶15分

市街の南西にある寺院。霊宝館には、国の重文指定の仏涅槃図はじめ貴重な文物が展示されている。国内最大の三重塔は1988(昭和63)年に建てられ、第三層からの眺望が素晴らしい。

📞 0950-22-2669
📍 岩の上町1206-1　🕐 8:30～17:00　休 無休
¥ 400円(霊宝館・三重塔)　P あり

食べる&買う

平戸桟橋／鯨軽食・みやげ店
平戸鯨の館
ひらどくじらのやかた

地図p.90-A
平戸桟橋から🚶10分

平戸漁業組合の近くにある鯨関係専門のおみやげ店とし

て地元の人に愛される店。鯨ベーコンやさえずりなど、加工品を販売。またイートインコーナーがあり、その場で鯨の串揚げやかつバーガー、竜田揚げなどが食べられる。

📞 090-1192-8304
📍 浦の町757-1
🕐 8:30～17:30　休 不定
¥ かつバーガー380円、竜田揚げ300円　P なし

幸橋周辺／牛肉料理
焼肉市山
やきにくいちやま

地図p.90-B
平戸桟橋から🚶7分

精肉店傘下の店。霜降りの

平戸

極上平戸牛がリーズナブルな価格で食べられる。昼の焼肉定食は1350円、夜の焼肉コースは3800円〜。焼肉メインの会席料理も充実。

- ☎ 0950-22-2439
- 📍 築地町530
- 🕐 12:00〜14:30(13:40LO)、17:30〜22:00(21:00LO)
- 休 不定
- ¥ 平戸牛のステーキコース 6200円〜
- Ⓟ あり

幸橋そば／平戸ちゃんぽん
一楽
いちらく

地図p.90-A
幸橋のすぐそば

平戸は隠れたちゃんぽんの町。なかでも老舗格が創業85年のこの店。かまぼこは川内産、あとは地元平戸産を使うなど具材にこだわりを見せる。濃厚だが後口のすっきりとしたスープに、たっぷり入った麺と具が至福の一時をもたらす。

- ☎ 0950-22-2269
- 📍 木引田町477
- 🕐 11:00〜15:00、17:30〜21:00
- 休 月曜(連休・振替休日の時は営業)
- ¥ 平戸ちゃんぽん710円 皿うどん770円
- Ⓟ あり

幸橋周辺／魚介料理
いけす居食家 大徳利
いけすいしょくや おおどっくり

地図p.90-B
平戸郵便局前🚏からすぐ

入ってすぐ個室風のお座敷が10室ほど並び、奥には広めのカウンター席がある。おすすめは地のヒラメを使ったひらめ御膳。ぷりぷりの刺身や縁側は感動物だ。ひらめづくし4500円。11月〜1月中旬にかけてはアラ鍋コースも人気。

- ☎ 0950-22-3180
- 📍 木引田町429
- 🕐 11:00〜14:00、17:00〜22:00(21:30LO)
- 休 不定(土・日曜、祝日を除き月2回休)
- ¥ ひらめ御膳1950円 ひらめづくし4500円
- Ⓟ あり

新町／日本酒
森酒造場
もりしゅぞうじょう

地図p.90-B
新町🚏から徒3歩

明治28年創業の老舗の蔵元。おすすめは大吟醸の棲霞園と純米吟醸の幸橋。家飲みにいいのが金撰飛鸞。全体に少し甘口だが、すっきりとして飲みやすいタイプの酒。地元の多くの飲食店にも置いてあるので試してみては。

- ☎ 0950-23-3131
- 📍 新町31-2
- 🕐 9:00〜17:00 休 1/1
- ¥ 大吟醸棲霞園(4合瓶)2500円、金撰飛鸞(1弁瓶)1980円
- Ⓟ あり

幸橋周辺／カスドース
平戸蔦屋本店
ひらどつたやほんてん

地図p.90-B
平戸桟橋から15分

1502(文亀2)年創業の老舗。始祖蔦屋の名は松浦家に伝わる「百菓之図」にも登場する。ポルトガル伝来のカスドース(5個入り972円)や牛蒡餅(12本入り648円)は平戸の銘菓だ。

- ☎ 0950-23-8000
- 📍 木引田町431
- 🕐 9:00〜19:00 休 無休
- Ⓟ なし

嬉野・武雄
有田
伊万里
唐津
呼子

個性豊かな小さな町

海を渡ってきた陶工たち

焼き物の里、有田・伊万里

秀吉が行った2度にわたる朝鮮出兵（文禄・慶長の役）は歴史に大きな傷痕を残したが、一方で朝鮮半島で育まれた優れた磁器技術という『福』を日本にもたらした。

有田全景 険しい岩肌をのぞかせる山並みに周囲をすっぽりと覆われる有田の町。いまもレンガ造りの煙突が林立している。

陶祖李参平碑 磁器の製法をもたらした功績を讃えて建てられた。有田の町の好展望地。

李参平の墓 名を金ヶ江三兵衛と改め磁器生産に尽力。町外れの静かな一角。

大川内山（伊万里） 鍋島藩の御用窯が置かれた大川内山は、今も昔と変わらぬ営みが。

唐人墓（伊万里） 異国に骨を埋めた陶工たちの墓石が積み重なり、小山になっている。

● "戦争"が焼き物づくりをもたらす

　文禄・慶長の役に従軍した西国の諸大名は、競ってかの地の陶工たちを従えて帰ってきた。当時すでに、尾張瀬戸で陶器が盛んに焼かれ、九州唐津においても高麗系の陶器が造られていたが、国内に磁器を焼く技術はなかった。一方、茶道が戦国大名たちの間で隆盛を極め、優れた陶磁器は金銀に匹敵する財宝でさえあった。李朝の優れた白磁や青磁の技術を手中にせんとする諸大名たちの渇望はすさまじく、文禄・慶長の役は別名"やきもの戦争"とさえ呼ばれている。

　鍋島藩主・鍋島直茂も、李氏一族の陶工たちを伴って帰国した。当初、李参平率いる陶工たちは小城郡多久に窯を開いたが、やがて有田泉山に白磁鉱を発見。1616（元和2）年ごろには有田上白川の天狗谷で、わが国はじめての白磁器を完成させた。有田における白磁器の完成は、日本の陶磁器文化史上において、画期的なできごとだった。

● 独自の"赤絵"が誕生

　白磁から染付（呉須）、さらに青磁へ、日本磁器がしだいに技術力を高め、完成期に入った1643（寛永20）年ころ、有田外山の陶工、酒井田喜三右衛門（初代柿右衛門）によって赤絵を施した色絵磁器が新たに造り出された。「濁手（乳白手とも書く）」と呼ばれるかすかに黄色味を帯びた素地に、線描きの繊

有田の町並み 札の辻付近。一帯は重要伝統的建造物群保存地区に指定、昔の家並みが続く。

トンバイ塀 有田の裏通りで見かける古風な塀。窯を壊した跡のレンガなどを利用。

色絵紅毛人酒瓶 今右衛門古陶磁美術館所蔵の酒瓶で、江戸期の輸出伊万里の逸品。

陶山神社 境内には磁器の鳥居や狛犬が並ぶ。一角には朝鮮の花ムクゲの可憐な花が。

14代柿右衛門の作品。柿右衛門特有の鮮やかな朱と濁し手の技法が伝統の様式美を語る。

有田駅から九州陶磁文化館に行く途中の橋の欄干には、こんなモニュメントが。

泉山口屋番所跡 町の東に置かれた番所跡。背後の大イチョウは恐らく日本一!?

焼き物の里、有田・伊万里

細な彩色が施された「柿右衛門様式」の登場は日本各地の窯場に多大な影響を及ぼし、有田の名をまた一段と高めることになった。

● **囲い込まれた"技術者"たち**

この赤絵の技術が外部にもれることを恐れた鍋島藩は、有田の町の袋小路に赤絵町を設け、赤絵師たちを御用絵師として囲い込み、「一子相伝」として調合法の伝授なども厳しく制限した。大川内山にある藩の御用窯(鍋島藩窯)で焼かれ呉須だけ施された鍋島焼は赤絵町の絵師の元に届けられ、ここで色絵を施して赤絵窯で焼き上げられ、再び大川内山へ戻されていたという。

この赤絵師のひとりが、今泉今右衛門である。初代はほぼ柿右衛門と同時代から焼き物を生業としてきたが、今右衛門が藩お抱えの絵師として上絵を引き受けるようになったのは寛保年間(1741～44)。このころ、鮮やかな赤絵色鍋島の絵付技術も完成したといわれている。赤絵磁器は「伊万里」の名で海を渡り、明朝の景徳鎮窯の陶磁器と並ぶ美術品として欧州の豊かな階層に愛好され、各国の窯に多大な影響を与えた。

その後、時代が江戸から明治に移り、御用窯としての保護を失った窯は存亡の危機を体験したが、数々の陶工や絵師たちの努力に支えられ、その優れた技術はいまに伝えられている。

うれしの たけお　　地図　p.123-G

嬉野 武雄

悠久の歴史が薫る名湯の里は
豆腐と銘茶の里でもある

　嬉野温泉は「肥前風土記」(713年)にも登場する歴史深い湯の里。ナトリウムを多く含む重曹泉で、日本三大美肌の湯として知られ、江戸時代には長崎街道の宿場町としても栄えてきた。一方、嬉野への玄関となる武雄も1300年の歴史を誇る温泉地。宮本武蔵やシーボルト、古くは神功皇后も入ったとされる名湯だ。

嬉野 武雄への行き方

　鉄道はJR佐世保線を利用、特急「みどり」が博多～武雄温泉～佐世保間を1日16本運行、博多から約1時間10分・3100円、佐世保から40～45分・1880円。嬉野へは武雄温泉駅から路線バス(約35分・660円・21～27便)のほか、博多～嬉野～長崎の高速バス(博多～嬉野は2時間5分・1900円、長崎～嬉野は1時間9分・1600円、1日4便)もある。

はじめの一歩

　武雄は駅構内に、嬉野はバスセンター内に観光案内所がある。武雄の温泉街は駅から北西に徒歩約15分。嬉野の温泉街はバスセンターから町の南側を流れる嬉野川に沿って広がっている。

エリアの魅力

観光ポイント
★★

食事ポイント
★★★

嬉野はバスセンター周辺から川にかけてのエリアに飲食店が散在している。名物の温泉湯豆腐はぜひとも味わいたい。

ショッピング
★★

嬉野茶や温泉水を使った化粧品などもある。

立ち寄り湯
★★★

問い合わせ先

武雄市観光協会
☎0954-23-7766
武雄市観光案内所(武雄温泉駅)
☎0954-22-2542
嬉野市うれしの温泉観光課
☎0954-42-3310
嬉野温泉観光協会
☎0954-43-0137
JR武雄温泉駅
☎0954-23-2009
JRバス嬉野支店
☎0954-43-0079

96

見る&歩く

武雄温泉
たけおおんせん

武雄温泉駅北口から🚶15分

開湯1300年余の古湯で、1915（大正4）年に造られた楼門は、東京駅を設計した唐津出身の辰野金吾氏によるもの。楼門の奥には、同じく辰野氏設計の新館があり、建設当時のまま保存・公開している（見学無料）。楼門とともに国の重要文化財に指定。大衆浴場「元湯」や貸し切りの湯などの温泉施設があり、入浴だけでも利用できる。

- 📞 0954-23-2001
- 📍 武雄市武雄町武雄7425
- 🕐 大衆浴場 6:30～24:00（最終受付1時間前まで）個室貸切湯 10:00～23:00
- 休 無休
- ¥ 大衆浴場 400～600円 個室貸切湯 1室1時間2300円～　Ｐあり

POINT てくナビ／駅前の国道を左へ。新幹線建設にともなう高架化をしている国道沿いは騒々しいが、温泉入口から先は静か。

シーボルトの足湯
しーぼるとのあしゆ

嬉野バスセンターから🚶5分

本通りの中心部にある湯遊広場にある足湯。その昔、長崎から江戸へ参府するシーボルトが嬉野の藩営浴場に立ち寄ったことからこの名が付けられたとか。足湯はもちろん無料。誰でも、いつでも気軽に嬉野温泉の湯が楽しめる。近くの湯宿広場にも足湯と足蒸し湯の施設がオープンした。

POINT てくナビ／嬉野バスセンター南の温泉一区を東へ。南側の嬉野川沿いには旅館が立ち並ぶ。やがて湯遊広場。目的地も近い。

嬉野川遊歩道
うれしのがわゆうほどう

シーボルトの足湯から🚶3分

嬉野の温泉町を東西に流れる川。温泉宿が並ぶ川は桜の名所で、両岸に全長2kmにわたって遊歩道が整備されている。

公衆浴場シーボルトの湯
こうしゅうよくじょうしーぼるとのゆ

シーボルトの足湯から🚶3分

江戸時代には蓮池藩の藩営浴場として整備され、大正時代に「古湯温泉」としてドイツ人の設計で再建。その後、老朽化で解体されたが、2010年、大正時代の姿を再現して再オープンした。

- 📞 0954-43-1426
- 📍 嬉野市嬉野町下宿乙818-2
- 🕐 6:00～22:00　休 第3水曜（祝日の場合は翌日）
- ¥ 400円　Ｐあり

嬉野／武雄

97

豊玉姫神社
とよたまひめじんじゃ

嬉野バスセンターから🚶5分

豊玉姫の美しい肌や嬉野温泉の効能にちなんで、「美肌の神様」として親しまれる神社。境内には豊玉姫のお遣いとされるナマズを祀った「なまず社」がある。

📞 0954-43-0680
📍 嬉野市大字下宿乙2231-2
🕐 境内自由
🅿 なし

POINT てくナビ／嬉野バスセンターから国道に戻り、東に歩くと、郵便局の斜め前に神社がある。あたりは静かな住宅街。

食べる＆買う

武雄温泉駅周辺／肉料理
ステーキハウス児玉
すてーきはうすこだま

武雄温泉駅から🚶5分

佐賀県で最高品質を誇る伊万里牛の良質な肉が、リーズナブルな料金で堪能できる貴重な店。手始めに佐賀牛の特上ステーキランチを味わってみては。ディナーの佐賀、伊万里牛スペシャルメニュー5400円も、提供される肉質から見ても絶対お得。

📞 0954-23-1626
📍 武雄市富岡7840-3 エタニティビル201
🕐 11:30～14:00LO、17:00～21:00LO 休 不定
💴 特上ステーキランチ3024円
ディナーの佐賀・伊万里牛スペシャルメニュー5400円
🅿 なし

嬉野温泉／豆腐料理
宗庵よこ長
そうあんよこちょう

嬉野バスセンターから🚶3分

温泉のお湯を使った湯豆腐は嬉野を代表する料理。飲めば胃にもやさしいという温泉水で豆腐を煮込むと、とろとろの湯豆腐になる。これが絶妙なおいしさ。温泉の成分が豆腐のタンパク質をとろけさせるのだとか。湯豆腐単品は450円～。

📞 0954-42-0563
📍 嬉野市嬉野町下宿乙2190
🕐 10:00～21:00 休 水曜（祝日の場合前後どちらか休）
💴 湯どうふ定食 850円
特選湯豆腐定食1080円
よこ長会席 1650円（夜）
🅿 あり

嬉野温泉／嬉野茶
草野製茶園
くさのせいちゃえん

嬉野バスセンターから🚶3分

嬉野の名産は緑茶。15世紀、明から渡来した陶工が嬉野の不動山皿屋谷に住みつき、陶器を焼くかたわら自家用にお茶を栽培したのが嬉野茶の始まりとか。本店のほかに工場直売店もある。嬉野茶の主流である釜炒り茶をはじめ、白折茶や玉露も人気。

📞 0954-42-0541
📍 嬉野市嬉野町下宿乙2300-11
🕐 8:00～20:00 休 不定
💴 釜炒り茶100g864円～
うれしのの白折茶100g540円
うれしのの玉露100g3240円
🅿 あり

ありた　　　地図　p.123-G

有田

エリアの魅力

観光ポイント
★★★★
食事ポイント
★
有田駅前周辺以外は少ないので要注意。

ショッピング
★★★★
有田焼の店がまとまっているのは上有田の直売所と卸団地。

交通の便
★
バスの本数が少ない。

世界を魅了した
陶磁器文化が花開いた町

　約400年前、鍋島直茂が朝鮮出兵の折、連れ帰った李参平ら朝鮮人の陶工が、有田泉山に磁鉱を発見し窯を築いたのが焼き物の町・有田のはじまり。そんな有田のショーウィンドウというべき町筋が、上有田駅から近い重要伝統的建造物群保存地区の一帯。道の両側に名窯の美術館や直売店が並んでいる。

問い合わせ先

有田観光協会
☎0955-43-2121
KILN ARITA
（観光案内所・有田駅）
☎0955-42-4052
有田タクシー
☎0955-42-3131

有田への行き方

　博多～有田～佐世保を運行のJR特急「みどり」、または佐世保線普通を利用。特急利用の場合、博多から1時間16～28分・3270円・1日16本、佐世保からは26～37分・1280円・1日16本。長崎からは早岐または肥前山口で乗り換え、1時間38分～2時間29分・1650円～3580円。伊万里との間は松浦鉄道（23～29分・410円・1日26本）が結ぶ。

有田の歩き方

窯元が連なる町筋を散策
　重要伝統的建造物群保存地区に指定され、窯元の直売所や、美術館などが連なる皿山、赤絵地区へは上有田駅が起点となる。少し離れた泉山磁石場も含め、いずれも徒歩圏内。有田駅からはレンタサイクルかタクシーを利用して。

ポーセリングパークまたはアリタセラ（Arita Será）へ
　有田駅から離れていてバスの便も悪いので、どちらか1カ所にしたほうがいいだろう。

はじめの一歩

　泉山の磁石場や窯元、美術館めぐりをしたい時は上有田駅が起点。中心部の札の辻までは歩いて約10分、周辺の離れたスポットへ行く時は、有田駅のほうがタクシー乗り場もあり便利。

99

見る&歩く

佐賀県立九州陶磁文化館
さがけんりつきゅうしゅうとうじぶんかかん

地図p.100-A
有田駅から🚶12分

　九州の古陶磁や現代陶芸などを展示。必見は、柴田夫妻コレクション。江戸時代の有田焼1万311点を常時1000点、毎年入れ替えて展示していて圧巻。カフェテラスでは古伊万里でコーヒーが味わえる。町歩きをはじめる前にぜひ立ち寄りたい。

📞 0955-43-3681　📍戸杓乙3100-1
🕐 9:00〜17:00（最終入館16:30）
🚫 月曜（祝日は開館）・12/29〜31
💴 無料（特別企画展会期中は有料）　🅿 300台

POINT てくナビ／駅からまっすぐ進み国道を歩道橋で越えて桜並木の遊歩道へ。道は緩やかに登るが、ここからは有田の街並みが手に取るようだ。

柿右衛門窯
かきえもんがま

地図p.100-A
有田駅から🚗 5分。
または🚌コミュニティバス5分、🚏柿右衛門窯下車

　赤絵を完成させた名窯。初代柿右衛門が1643（寛永20）年に完成させた赤絵の技法は、国の重要無形文化財。14代柿右衛門の作品展示室と古陶磁参考館がある。

📞 0955-43-2267　📍南山丁352
🕐 9:00〜17:00　🚫年末年始
💴 無料　🅿 あり

今右衛門古陶磁美術館
いまえもんことうじびじゅつかん

地図p.100-B
札の辻交差点から🚶3分

　今泉家は鍋島藩が門外不出とした色鍋島をいまに伝える名門窯。古陶磁美術館には江戸期に作られた色鍋島や初期伊万里、豪華な古伊万里などが展示されている。

100

☎ 0955-42-5550　📍 赤絵町2-1-11　🕘 9：30〜16：30　休 月曜(祝日の場合は翌日)、12/29〜1/6　¥ 300円、特別展は別料金　Ｐ あり

香蘭社 陶磁器・古陶磁陳列館
こうらんしゃ とうじき・ことうじちんれつかん

地図p.100-B
札の辻交差点から🚶2分

明治初期、第八代深川栄左衛門がはじめ、有田焼に新たな潮流を起こした名窯。瑠璃釉に金彩で描かれた蘭など、独自の手法は高く評価されている。陳列館には明治以降の香蘭社製品のほかに、江戸期の古伊万里、鍋島藩窯、柿右衛門を展示している。1階はショールーム兼ショップとなっている。

☎ 0955-43-2132　📍 幸平1-3-8　🕘 8：00〜17：25(土・日曜、祝日は10〜3月が9：30〜17：00、4〜9月が〜17：30)　休 年末年始　¥ 無料　Ｐ あり

陶山神社
すえやま(とうざん)じんじゃ

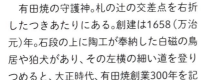

地図p.100-B
札の辻交差点から🚶3分

有田焼の守護神。札の辻の交差点を右折したつきあたりにある。創建は1658(万治元)年。石段の上に陶工が奉納した白磁の鳥居や狛犬があり、その左横の細い道を登りつめると、大正時代、有田焼創業300年を記念して建てられた陶祖李参平の碑がある。

POINT てくナビ／石段を登るとそこには何とJR線の線路が鳥居の前に。遮断機などはないので要注意。

深川製磁参考館
ふかがわせいじさんこうかん

地図p.100-A
札の辻交差点から徒歩1分

深川製磁は香蘭社と並ぶ有田焼の名窯で、本店内2階にある参考館には宮内庁に納めた名品の数々が並ぶ。建物もレトロな洋館で味わい深いものがある。向かいの瀟洒な洋館は、明治初期に建てられた外国商人の宿舎だった異人館。見学は外部からのみ。

☎ 0955-42-5215　📍 幸平1-1-8　🕘 9：00〜16：00(事前要連絡)　休 12/31〜1/2　¥ 無料　Ｐ あり

有田陶磁美術館
ありたとうじびじゅつかん

地図p.100-B
札の辻交差点から🚗3分

1874(明治7)年に建てられた焼き物倉庫の石蔵を利用した美術館で、初期伊万里や色鍋島などを展示している。美術館前から続く小道のあちこちにある古風な塀が、解体した登窯のレンガなどを使ったトンバイ塀。

☎ 0955-42-3372　📍 大樽1-4-2　🕘 9：00〜16：30　休 月曜(陶器市期間は開館)・年末年始　¥ 100円　Ｐ あり

アリタセラ (Arita Será)
ありたせら

地図p.100-A
有田駅から🚗3分。または🚶20分

有田焼の陶磁器商22軒のショールームが軒を並べるショッピングセンター。毎年恒例の有田陶器市(4/29〜5/5)には、ここにも店が並ぶ。2018年にはエリア内に新しくホテルとレストランがオープンし、増々充実したタウンになってきた。

☎ 0955-43-2288　📍 赤坂丙2351-170　🕘 9：00〜17：00　休 無休　Ｐ 800台

有田

101

MAP てくさんぽ

有田
ありた

陶磁器の町有田をのんびり散策。重要伝統的建造物群保存地区の町並みや、裏通りのトンバイ塀に焼き物の歴史と暮らしの一端を見て歩く。疲れたら、近くの食事処で一休みしたり、お気に入りの器を求めてギャラリーやショップに気軽に寄ってみたい。

01 見学30分

佐賀県立九州陶磁文化館
さがけんりつきゅうしゅうとうじぶんかかん

わが国有数の陶磁器専門の美術館。柴田夫妻コレクションは必見。→p.100

☎0955-43-3681／⌖戸杓乙3100-1／🕘9:00〜17:00／休月曜(祝日は開館)、12/29〜31日／¥無料(特別展は有料)

オススメ

---

02 ごどうふ定食 1350円

ギャラリー有田
ぎゃらりーありた

陶磁器ショップに併設のレストランカフェ。おすすめのごどうふ定食はお得感一杯でおいしい。

☎0955-42-2952／⌖中部乙3057／🕘9:00〜19:00(18:00LO)／休無休

---

03 黒みつごどうふ 500円

高島豆腐店
たかしまとうふてん

郷土食ごどうふの店。葛と澱粉を混ぜるため弾力がありプリンのよう。黒蜜を絡めるとうまい。

☎0955-43-2463／⌖岩谷川内2-9-7／🕘7:00〜17:00／休無休

---

04 見学30分

今右衛門
古陶磁美術館

代々の今右衛門作を初め、古伊万里などの名品を展示。写真は初期鍋島の「色絵有職文皿」。→p.100

☎0955-42-5550／⌖赤絵町2-1-11／🕘9:30〜16:30／休月曜(休日の場合は翌日)、12/29〜1/6／¥300円(特別展は別料金)

---

05 マグカップ1944円〜

香蘭社
こうらんしゃ

有田を代表する名窯のショールーム兼ショップ。2階にある古陶磁陳列館も見逃せない。→p.101

☎0955-43-2132／⌖幸平1-3-8／🕘8:00〜17:25(土・日曜、祝日10〜3月9:30〜17:00、4〜9月〜17:30)／休年末年始

06 見学20分

陶祖李参平碑
とうそりさんぺいひ

朝鮮から磁器の製法をもたらした李参平を顕彰して建立された。陶山神社の脇から坂道を登る。碑のある高台からは有田の街並みが一望の下に。景観の素晴らしさにきつい登りの疲れも吹っ飛ぶ。

07 食器 3000円〜

うつわ処 けいざん

有田の窯元渓山窯のアンテナショップ。使い勝手のよさそうな食器類がいっぱい並ぶ。

📞 0995-43-4533 / 📍 幸平1-1-3 / ⏰ 12:00〜17:00（土・日曜、祝日は10:00〜）/ 🚫 火曜ほか不定休 / Ⓟ なし

まわる順のヒント

💡 HINT

有田駅から上有田駅まで歩く距離が長いので、場合によっては泉山磁石場や陶祖李参平碑のカットを。主な美術館や陶磁器の店は、上有田の重伝建地区に集中。有田駅周辺を省いてもいいが、九州陶磁文化館は外せない。

08 食器類 2500円〜

深川製磁本店
ふかがわせいじほんてん

宮内庁御用達で知られる老舗陶磁店。手ごろなものから高級品まで揃う。お茶のサービスも。
→p.101

📞 0955-42-5215 / 📍 幸平1-1-8 / ⏰ 9:00〜17:00 / 🚫 12/31〜1/2

09 プレートセット 550円

明治夢庵
めいじゆめあん

手作りケーキとコーヒーのセットはおすすめ。かわいい有田焼ミクロスも各種販売している。

📞 0955-41-1505 / 📍 大樽1-5-3 / ⏰ 10:00〜日暮れ / 🚫 土・日曜のみの営業

10 食器 2000円位〜

アリタポーセリンラボ 旗艦店

老舗窯元のモダンなセンスがシンプルで力強い作品に結晶。隣接してアウトレットショップも。

📞 0955-29-8079 / 📍 上幸平1-11-3 / ⏰ 10:00〜16:00（要連絡）/ 🚫 不定休

11 見学20分

トンバイ塀の裏通り

本通りの北側の路地に、昔ながらのトンバイが続く散策路。途中の広場のお地蔵さんとのコラボは絵になる風景。近くの有田陶磁美術館も寄ってみたい。この他にも香蘭社の裏手の路地などに散在。

12 見学30分

泉山磁石場跡
いずみやまじせきじょうあと

磁器用の石を発掘した跡地が公園化されて保存されている。園内の歴史民俗資料館も訪れたい。

📍 有田町歴史民俗資料館東館
📞 0955-43-2678 / 📍 泉山1-4-1 / ⏰ 9:00〜16:30 / 🚫 年末年始 / 💴 100円

いまり　地図 p.123-G

伊万里

陶磁器が旅立った港町

　伊万里川の河口近くに広がる伊万里はかつて「伊万里津」と呼ばれ、焼き物の積出港として賑わった港町。陶器商たちが活躍した川沿いの町には、いまも当時を彷彿とさせる重厚な商家が点在している。また、近郊の大川内山は、色鍋島の伝統を守り続けてきた秘窯の里。緑深い山里に、時代からポツンと取り残されたような古風な佇まいのまま、陶工たちが昔と変わらぬ営みを続けている。

伊万里への行き方

　伊万里には佐賀や唐津方面からはJR筑肥線が、平戸、有田方面からは松浦鉄道が利用できるが、ローカル線のため本数が少なく普通列車のみ。ちなみに、唐津からだと約50分・650円、たびら平戸口から約1時間10分・1230円、有田からは25〜30分・460円。博多や唐津、佐世保からはバスも出ている。博多からの高速バス「いまり号」は所要約2時間・2060円で1日16便(うち4〜5便は福岡空港発着・2060円)。唐津からは路線バスで所要50分・1030円、1日8〜10便。佐世保からの路線バスは所要1時間〜1時間10分・1100円で1日6〜8便。

はじめの一歩

　JRと松浦鉄道の駅は2015年につながり一体化した。西駅ビル2階には伊万里・鍋島ギャラリーもあり、電車の時間待ちの好スポット。市外からのバスが到着するバスターミナルはその前にある。レンガ造りの観光案内所は、JR駅に隣接。市内のバス路線は本数が少ないので、遠方へはタクシー利用がベスト。

エリアの魅力

観光ポイント
★★★

食事ポイント
★★

大川内山では飲食できるところは限られる。弁当持参が無難。

ショッピング
★★★

市内のいたるところに陶器の店があるし、大川内山でも買い物ができる。

交通
★★

大川内山から市内まではタクシーで1800円前後。

問い合わせ先

伊万里市観光協会
☎0955-23-3479
JR伊万里駅
☎0955-23-3046
松浦鉄道伊万里駅
☎0955-22-3551
昭和自動車伊万里支所
☎0955-23-4184
西肥バス
☎0955-22-3171
西肥タクシー
☎0955-23-0101
いまりタクシー
☎0120-23-2188

伊万里の歩き方

　市内の見学ポイントは全部見ても2、3時間で充分まわれる。秘窯の里・大川内山へ向かうバスは1時間に1本程度と少ないので、行きと帰りの便を確認してからどちらを優先するか方針を決めよう。

見る 歩く

陶器商家資料館
とうきしょうかしりょうかん

地図p.104
伊万里駅から🚶5分

1825(文政8)年に建てられた江戸時代の陶器商・旧犬塚家の白壁土蔵造りの建物をそのまま保存。内部を公開している。

- 📞 0955-22-7934
- 📍 伊万里市甲555-1
- 🕙 10:00〜17:00
- 休 月曜(祝日の場合は翌日)・年末年始
- ¥ 無料 Ｐなし

POINT てくナビ／駅前通りを相生橋に向かって進むと、浜町辺りから土蔵造りの商家が増えてくる。資料館のある通りは妻入りの白壁の家が立ち並ぶ。

大川内山(鍋島藩窯公園)
おおかわちやま(なべしまはんようこうえん)

地図p.124-J
伊万里駅から🚌西肥バス大川内山行き15分、終点下車

色鍋島の伝統を守るため、有田からこの地に陶工たちが移されたのは300年以上前。以来200年余り、屏風のように立ちはだかる険しい岩山に守られ、鍋島藩の御用窯の存在は秘密にされてきた。細い石畳の坂道に古風な家並みが並ぶ里では、いまも30余りの窯元が伝統の技を守り続けている。鳳凰や龍を描いたみごとな陶板の橋を渡って、静かな里の散策を楽しみたい。

伊萬里神社
いまりじんじゃ

地図p.104
伊万里駅から🚶10分

伊万里を守る総鎮守で、楼門の中にそびえる2本の大楠木は縁結びによいという「むすびの大楠」。境内には、お菓子の神様「菓祖中嶋神社」の小さな祠も祀られている。

里の周辺は鍋島藩窯公園として整備され、当時の関所跡や陶工の家、陶石を砕いた唐臼、登り窯などを復元。無名の陶工たちを祀る墓や、この地に骨を埋めた朝鮮人陶工の墓も残されている。園内には、伊万里焼などの名品を展示・販売する伊万里鍋島焼会館、楽焼きが体験できる伊万里・有田焼伝統産業会館がある。

あいあい通り
あいあいとおり

地図p.104
伊万里駅から🚶7分

伊万里川に沿って整備されたあいあい通りもおすすめのスポット。川に架かる相生橋、延命橋、幸橋の3つの橋は縁起のいい名の橋。渡れば幸せを呼ぶとされる。

伊万里鍋島焼会館(伊万里鍋島焼共同組合)
- 📞 0955-23-7293 📍 大川内町乙1806
- 🕙 9:00〜17:30 休 年末年始
- ¥ 入館無料 Ｐ40台

伊万里・有田焼伝統産業会館
- 📞 0955-22-6333 📍 大川内町丙221-2
- 🕙 9:00〜17:00 休 年末年始
- ¥ 無料(特別展示は有料) Ｐ400台

伊万里

弥生時代にタイムトリップ
吉野ヶ里遺跡

吉野ヶ里公園駅を後に、田畑の中の一本道を歩いていくと、復元された物見櫓が見えてくる。そこが遺跡公園。古代世界へのタイムトリップをゆっくり楽しもう。

吉野ヶ里歴史公園

地図p.125-H
JR吉野ヶ里公園駅から東口まで
🚶15分

吉野ヶ公園管理センター
📞 0952-55-9333
📍 吉野ヶ里町田手1843
🕘 9:00～17:00 （6～8月～18:00） 休 12月31日、1月第3月・火曜 ¥ 420円、子ども80円 🅿 230台（有料）

●体験プログラム
弥生くらし館／勾玉づくり、火おこし、土笛づくり
▶土・日曜・祝日限定プログラム／鏡製作、「親魏倭王」印製作、銅鐸製作、貨泉製作
古代植物館／組ひも、布づくり、楽器製作と演奏、舞いの稽古のほか、期間限定のプログラムも

所要時間30分～2時間
¥ 100～1500円
問い合わせ・予約先
📞 0952-55-9351

アクセス／吉野ヶ里公園駅
①JR博多駅から九州新幹線で新鳥栖駅まで13～14分、長崎本線普通列車に乗り換えて10～14分。1590円（自由席）。
②JR博多駅から鹿児島本線快速で鳥栖駅まで27～33分、長崎本線普通列車に乗り換えて14分。740円

吉野ヶ里歴史公園

国内最大級の弥生時代の環壕集落遺跡。その一角約104haが弥生時代が体感できる歴史公園として開放されているが、敷地内ではいまもなお発掘が続いている。広大な園内の最大の見どころは、北内郭と南内郭などからなる環壕集落群。内部も含めて復元された竪穴式住居などが並ぶ集落は見応えがある。

❶環壕入口
集落への東の正門にあたり、外濠を埋め立て土橋を作り、大きな門があった。門の両側には、防御のための逆茂木や乱杭が設けられていた。

❷南内郭
周囲にぐるりと壕や柵がめぐらされ、物見櫓があることから、王や支配者層の人々が住んでいたと考えられるエリア。竪穴住居はどれも内部がリアルに再現され、集会の館や煮炊き屋などもある。敵の襲来を見張った櫓からの眺望も抜群。園内一帯から遠くの山並みや田畑まで一望でき、遙かな時代を偲ぶことができる。

❼古代の森
吉野ヶ里の環濠集落の北側にあった、縄文後期から弥生後期にかけての森を再現。散策のベース施設として古代植物館がオープン、ここでも組ひもや布づくり、古代の楽器製作と演奏などの体験プログラムを楽しむことができる。

❻北墳丘墓
歴代の王が埋葬されていたとされる小高い丘。丘の内部が展示館となり、本物の甕棺14基が発掘当時の状況のまま展示されている。

スケールの大きな公園なので、時間がない時は目的地をしぼって見学しよう

公園はJR吉野ヶ里公園駅と神崎駅の中間にあるが、見どころに近いのは吉野ヶ里公園駅から入る東口ゲート

❸倉と市の集落
盛大な市が開かれていた集落の交易の中心地だったとされるエリア。穀物などが保管されていた高床式の倉庫がずらりと並んでいる。

❹北内郭
二重の壕と高い柵が張りめぐらされた北内郭は、祭祀の儀礼や政事が行われた村落の中でももっとも神聖な場所。16本の柱にささえられた主祭殿を中心に、物見櫓や重厚な住居が建ち並んでいる。主祭殿の内部には支配者たちの集会や、巫女が祈りを捧げる状況が人形で再現されている。

❺弥生くらし館
勾玉づくりや土笛づくりのほか、「火きりうす」と呼ばれる板を使い摩擦で火をおこす火おこしなど、弥生時代の暮らしの一端を体験できるコーナー。勾玉や土笛はよい記念になる。

吉野ヶ里遺跡

107

からつ　地図　p.123-C

唐津

エリアの魅力

観光ポイント
★★★★

食事ポイント
★★
駅前から市役所あたりの繁華街に集中。

ショッピング
★★★★
唐津焼の窯元が市内に点在。焼き物店も多い。

交通
★★★★

必見スポット
唐津城
標準散策時間：3時間

問い合わせ先

唐津市観光課
☎0955-72-9127
唐津観光協会
☎0955-74-3355
JR唐津駅観光案内所
☎0955-72-4963
観光タクシー
昭和タクシー
☎0955-74-1234
唐津観光タクシー
☎0955-72-4141

唐津の歩き方

市内の観光ポイントはほぼ徒歩でまわれるが、足代わりに利用できるのが市内線の東コース。JR唐津駅を起点に虹の松原（🚏シーサイド前）、唐津城をまわる路線で、観光の足としても重宝。8時50分から16時50分まで1時間おきに運行している。1回200円。

玄界灘に臨む
祭や焼き物でも知られる城下町

　唐津という名が示す通り、ここもまた大陸との交易で栄えた港町。海外からの文化を吸収してきた国際都市としての歴史と、城下町ならではの情緒が溶け合って、いまもこの町に独特の風合いを漂わせる。北の端は西の浜から東の浜へと続く美しい白砂のビーチ。その先には日本三大松原のひとつ、虹の松原が広がっている。

唐津への行き方

　博多からは市営地下鉄が筑肥線に乗り入れており、福岡空港から所要1時間16〜37分・1170円で接続便も含め1日41〜43本運行。バスも昭和バスが「からつ号」を運行しており所要1時間23〜32分、1030円で1日35〜36便。伊万里からはJR筑肥線（所要49〜58分、650円、1日9本）と路線バス（所要50分・1030円・平日10便、土・日曜、祝日8便）が利用できる。

はじめの一歩

　JR唐津駅は市内の南、昭和バスの大手口バスセンターは中心部にあるが、双方の距離は歩いても5〜6分の距離なので、バスで到着した人も、観光案内所がある駅まで歩いて資料を収集しよう。

見る&歩く

ふるさと会館アルピノ
ふるさとかいかんあるぴの

地図p.109-A
唐津駅北口に隣接

1階がおみやげ販売コーナーと観光情報センター、2階が唐津焼の展示即売場と、町歩きの手はじめに立ち寄るのに絶好。レンタサイクル(2時間200円〜)もしている

☎0955-75-5155　📍新興町2881-1
🕘9:00〜19:00(2階〜18:00、3階11:00〜15:00、17:00〜21:00)
❌1月1日　🅿あり

唐津城
からつじょう

地図p.109-A
唐津駅から🚶25分

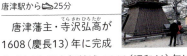

唐津藩主・寺沢広高が1608(慶長13)年に完成させた城。別名舞鶴城。1966(昭和41)年に建てられた模擬天守の内部は郷土資料館で、5階の展望台からの眺望は抜群。樹齢100年を越すフジの大木やサクラが美しい城内一帯は舞鶴公園として整備され、浜辺から天守まで登るエレベーター(100円)もある。

☎0955-72-5697　📍東城内8-1
🕘9:00〜17:00(最終入城16:40)　❌12/29〜31
💴500円　🅿あり(有料)

POINT てくナビ／おすすめのルートは中央橋から川沿いの遊歩道を進み、城内橋から城へ。橋上から眺める天守は秀逸。

中里太郎右衛門陶房
なかざとたろうえもんとうぼう

地図p.109-A
唐津駅から🚶5分

約420年にわたって唐津藩の御用窯を勤めた中里家の陶房。先代の貴重な作品群や、14代太郎右衛門の作品が展示されている。

☎0955-72-8171　📍町田3-6-29
🕘9:00〜17:30　❌水曜(休日の場合翌日)、年末年始　💴展示室無料／工房見学不可　🅿あり

唐津

唐津神社
からつじんじゃ

地図p.109-A
唐津駅から🚶10分、曳山展示場に隣接

秋季例大祭の唐津くんちで知られる、旧唐津城の三の丸に建つ古社。創建は755(天平勝宝7)年と伝える。隣に、唐津くんちの曳山がずらりと勢揃いする展示場がある。毎年11月2日から3日間の唐津くんちは、町を挙げての盛大な祭でユネスコの無形文化遺産。14台の曳山が市内を練り歩く。

- 📞 0955-72-2264
- 📍 南城内3-13
- 🕐 境内自由

曳山展示場
- 📞 0955-73-4361 📍 西城内6-33
- 🕐 9:00〜17:00 休 12月第1火・水曜、12/29〜31
- 💴 300円 🅿 あり

POINT てくナビ/市役所までは、駅から広い道を進んでも、呉服町商店街を歩いてもいい。市役所の横を行けば突き当りが神社。

食べる&買う

旧唐津銀行周辺/寿司
つく田
つくた

地図p.109-A
唐津駅から🚶7分

カウンターのみ7席という小ささだが、客層は全国からという唐津でも評判の寿司店。店内は黒を基調にしたシックなしつらえ。ご主人の確かな仕事ぶりと、提供される季節ごとの旬の地魚はいずれも舌鼓もの。

- 📞 0955-74-6665
- 📍 中町1879-1
- 🕐 12:00〜14:00、18:00〜22:00（最終入店20:00)
- 休 月曜、くんち、年末年始
- 💴 握り鮨昼4500円
  夜は季節の海肴、刺身、寿司などいろいろおまかせで
  1万5000円〜(飲み物別) 🅿 なし

唐津駅周辺/豆腐料理
川島豆腐店
かわしまとうふてん

地図p.109-A
唐津駅から🚶3分

ざる豆腐で今や全国的に知られる豆腐の名店。売店の横にカウンターの明るくて上品な食事処「豆腐料理かわしま」があり、予約制で豆腐料理が味わえる。写真は1620円のコースだが、この上のコースには刺身や焼魚が付く。もちろんおみやげにざる豆腐も忘れずに。

- 📞 0955-72-2423 📍 京町1775
- 🕐 店舗/8:00〜17:00、食事/予約制で8:00、10:00、12:00、14:00の1日4回で各回10名限定。なお、当日席が空いている場合は予約なしでも可。夜の会席は17:30〜21:00
- 休 無休
- 💴 昼の料理は1620円、2160円、2700円の3コースのみ
  夜の会席は5400円〜
  店売りのざる豆腐パック238円
  🅿 なし

旧唐津銀行周辺/菓子処
開花堂
かいかどう

地図p.109-A
唐津駅から🚶7分

いろいろ貝殻の形を和三盆糖で作った上品な干菓子「さよ姫」で知られる老舗の和菓子店。ほかには「松の実饅頭」や月ごとの生菓子などもおすすめ。唐津駅構内にもカフェスタイルの支店、茶亭開花堂がある。飲み物と季節の生菓子のセットで450円。

- 📞 0955-72-5750
- 📍 本町1889-2
- 🕐 9:00〜18:00 休 1/1
- 💴 さよ姫735円〜 🅿 なし

よぶこ　地図 p.123-C

呼子

玄界灘に臨む風光明媚な港町

　漁港に面した呼子町と呼子大橋で結ばれた加部島、さらに名護屋港をはさんだ鎮西町の3つのエリアからなる。鎮西町には秀吉の朝鮮出兵の拠点となった城跡や名護屋城博物館があり、その先には景勝地・波止岬がある。また、加部島も島全体が公園のように整備されている。いずれへも呼子から昭和バスの路線バス及びジャンボタクシー便を利用するが、本数が限られる。日帰りで見物するなら目的の場所を1カ所に絞るなどして計画的にまわろう。

呼子への行き方

　呼子の玄関口は唐津(p.108)。唐津バスセンター(大手口)から呼子まで所要30～40分、1日28～32便運行、750円。博多からも昭和バスの「からつ号」を利用して唐津で路線バスに乗り継ぐ。

呼子の歩き方

　唐津からのバス(所要30～40分)は北端にある呼子台場みなとプラザまで行くが、港周辺や朝市を見物したい時は手前の呼子停留所で下車。呼子町の中だけなら徒歩で充分だが、呼子大橋までは徒歩で20分以上かかる。バスかタクシーを利用したい。

エリアの魅力

観光ポイント
★★

食事ポイント
★★★★
新鮮なイカ料理の店が呼子港に沿って並んでいる。

ショッピング
★★

交通の便

呼子～名護屋城博物館～波止岬は1日バス4便・ジャンボタクシー5便、呼子～加部島は1日バス2便・ジャンボタクシー6便

問い合わせ先

呼子観光案内所
📞0955-82-3426
昭和自動車唐津営業所
📞0955-74-1121
県立名護屋城博物館
📞0955-82-4905

見る・歩く

呼子朝市&ひもの市
よぶこあさいち&ひものいち

地図p.111
♀呼子から🚶3分

港に沿った呼子のメインストリートから一歩入った商店街が、呼子名物の朝市会場。毎朝午前7時を過ぎるころから商店の軒下を陣取って屋台が並び、オバちゃんたちの威勢のいい掛け声が通りにあふれる。イカの天日干しや近郊で採れた新鮮な野菜、手作りの惣菜などが並ぶ市は、昼前には店じまいしてしまうので早めに行こう。朝市がすんだら、イカ料理店が並ぶ港に沿った通りへ。漁師直営の干物の屋台が並んでいる。

マリンパル呼子
まりんぱるよぶこ

地図p.111
♀呼子から遊覧船発着所まで🚢2分

呼子大橋や周辺の美しい海を楽しむ遊覧船。「イカ丸」は断崖絶壁と洞窟の七ツ釜まで遊覧。「ジーラ」は海中展望船で、沖合の小島・鷹島まで海中を見物する。

☎0120-425-194 ♀唐津市呼子町呼子
¥イカ丸は9:30〜16:30の毎30分出航、所要40分で、大人1600円(季節増便あり)、ジーラは9:00〜17:00(11〜2月は16:00最終)の毎時出航で、所要40分、大人2100円 ＊荒天時運休 Ｐあり

買う・食べる

 イカ料理
いか本家
いかほんけ

地図p.111
♀呼子から🚶5分

玄界灘でその日の朝とれたばかりのイカを、活きたまま料理してくれる。イカの刺し身は半透明に透き通り、シコシコとしてほんのり甘く絶品。定食には刺し身のほか、小鉢類やイカしゅうまいなどがずらりと並び、刺し身にした残りのイカは天ぷらにしてくれる。

☎0955-82-5511
♀唐津市呼子町呼子3086-2
⏰11:00〜18:00(土・日曜は10:00〜19:00、季節により変動)
休不定 Ｐあり
¥イカ活造り定食2700円

呼子名産品の老舗
木屋 朝市通り本店
きや あさいちどおりほんてん

地図p.111
♀呼子から朝市通りの本店まで
🚶3分

100年以上の歴史を持つ特産品の店。イカしゅうまいや加部島名産の夏みかんゼリー、くじらの軟骨を粕に漬けた松浦漬など、呼子の名産品がすべて揃う。正月に欠かせない「阿つ焼」はこの店のオリジナル。

☎0955-82-3510
♀唐津市呼子町呼子3764-5
⏰8:00〜17:30
休1月1日 Ｐ市営Ｐ利用
¥いかしゅうまい
8個入り1150円
鯨蕉骨粕漬1080円

旅のプランニング

てくてく歩きで行く旅

旅の準備のアドバイス

長崎への行き方

長崎の玄関口となるのは、空路だと長崎(大村)空港。目的地が佐賀よりの場合は、便数が多く割引率の高い航空券が入手しやすい福岡空港も選択肢に入る。鉄道の場合は博多、または九州新幹線の新鳥栖から長崎本線の特急などで長崎駅に入る。ハウステンボスには長崎空港からの高速バスやクルーザーが利用できる。

長崎へ

東京から
✈ 羽田→長崎
JAL、ANA、SFJ、SKY ⏱ 2時間~2時間5分 ¥ 3万7500円~4万3600円(通常期) ☎ JAL 0570-025-071／ANA 0570-029-222／SFJ 0570-07-3200／SKY 0570-039-283 ●早期割引だと1万1000円~

名古屋から
✈ 中部国際空港→長崎
ANA ⏱ 1時間35分 ¥ 3万5800円(通常期) ☎ ANA 0570-029-222 ●早期割引だと1万710円~
長崎空港から長崎駅までは空港バスで43~61分・900円

🚌 名古屋→長崎
「グラバー号」⏱ 11時間34分 ¥ 1万2580円 ☎ 名鉄高速バス 052-582-2901／長崎バス 095-826-1114
乗車は名鉄バスセンター、降車は長崎駅前南口と大波止、新地Tなど。

大阪から
✈ 伊丹→長崎
JAL、ANA ⏱ 1時間20分 ¥ 2万8800円(通常期) ☎ JAL 0570-025-071／ANA 0570-029-222 ●早期割引だと7400円~
関空発着便(ピーチ)もある。市内まで空港バスで43~61分・900円

🚆 新大阪→長崎
新幹線「さくら」+特急「かもめ」⏱ 4時間25~48分 ¥ 1万8310円 ☎ JR西日本 0570-00-2486／JR九州 050-3786-1717
新鳥栖駅で乗り換え。接続のいいのは13本

ハウステンボスへ

東京から
✈ 羽田→長崎
JAL、ANA、SFJ、SKY ⏱ 2時間~2時間5分 ¥ 3万7500円~4万3600円(通常期) ●早期割引だと1万1000円~ 長崎空港からハウステンボスには高速バス(59分・1250円)が1日16便

名古屋から
✈ 中部国際空港→長崎
ANA ⏱ 1時間35分 ¥ 3万5800円(通常期) ●早期割引だと1万710円 長崎空港からハウステンボスには高速バス(59分・1250円)が1日16便、クルーザー(50分・1960円)が1日5便。

大阪から
✈ 伊丹→長崎
交通機関:JAL、ANA ⏱ 1時間20分 ¥ 2万8800円(通常期) ●早期割引だと7400円~ 長崎空港からハウステンボスには高速バス(59分・1250円)が1日16便、クルーザー(50分・1960円)が1日5便。

🚆 新大阪→ハウステンボス
新幹線「さくら」+特急「ハウステンボス」⏱ 4時間8~39分 ¥ 1万6300円 新鳥栖駅で「ハウステンボス」に乗り換え。運転日に注意。平日の接続便は3本、土・日曜、祝日で7本。

🚌 大阪駅前→ハウステンボス
ユタカライナー ⏱ 11時間50分 ¥ 8000円~ ☎ ユタカ交通 072-762-5660
京都駅、三宮発の便もあり。

114

福岡へ

東京から

✈ **羽田→福岡**
JAL、ANA、SKY、SFJ ⏱1時間45分 ¥2万1900円〜4万1100円（通常期） ☎JAL 0570-025-071／ANA 0570-029-222／SKY 0570-039-283／SFJ 0570-07-3200 ●早期割引だと8890円〜

🚌 **新宿→博多**
「はかた号」⏱14時間17分 ¥1万2000円〜1万5000円 京王高速バス ☎03-5376-2222／九州高速バス予約センター ☎0120-489-939 料金は日によって変動、2階席の一部はプレミアムシートで+5000円。

名古屋から

✈ **中部国際空港→福岡**
ANA、SFJ、IBX、JJP ⏱1時間20分 ¥2万5600円〜2万8500円（通常期） ☎ANA 0570-029-222／SFJ 0570-07-3200／IBX 0120-686-009／JJP 0570-550-538 ●LLCや早期割引だと4990円〜

🚌 **名古屋→小倉・福岡**
「どんたく号」⏱11時間10分 ¥1万500円
☎名鉄バス 052-582-0489／九州高速バス予約センター 0120-489-939 乗車は名鉄BCと栄、降車は小倉駅前、博多BT、天神BCなど。

大阪から

✈ **伊丹→福岡**
JAL、ANA、IBX ⏱1時間15〜20分 ¥2万3600円〜2万4600円（通常期） ☎JAL 0570-025-071／ANA 0570-029-222／IBX 0120-686-009 ●早期割引だと7100円〜。 関空発着便もある。

🚄 **新大阪→博多**
新幹線「のぞみ」「みずほ」 ⏱2時間24〜28分 ¥1万5000円
☎JR西日本 0570-00-2486／JR九州 050-3786-1717
新鳥栖駅経由なら「さくら」を利用。

🚌 **大阪→小倉・博多**
オリオンバス夜行便 ⏱11時間20分 ¥3800円（早期割引）〜
☎オリオンツアー予約センター050-5550-8772 降車は小倉駅前と博多駅前。このほかに京都八条口発と神戸三宮発の夜行便あり

※2018年4月現在のものです。また、閑散期か繁忙期の違いや、チケットの早期購入割引、座席の種類などによっても、上期の料金とは異なる場合がありますので、お出かけ前に最新の情報を関係各社へお問い合わせください。BTはバスターミナル、BCはバスセンター。

旅の準備のアドバイス

●長崎、福岡ふたつの空港が利用できる

東京など遠隔地からは飛行機で九州に入ることが多いが、どの空港から入るかよく考えたい。本書で掲載している見どころのほとんどは、長崎空港が最寄りの空港となる。

ただし長崎空港に比べ福岡空港は便数が多く、航空会社間の価格競争も激しいため、割引率の高い航空券が入手できる可能性が比較的高い。また福岡〜長崎間の陸路は、九州の主要幹線のため鉄道・バスともアクセスが充実しているので、思った以上に早く安くアクセスできる。目的地に佐賀側のエリアも含まれているなら、福岡空港も検討しよう。

●関西からはJR、バス、フェリーがある

新大阪より西からなら、九州新幹線へ直接乗り入れがあるJRも便利。また安さなら高速バス、大阪（泉大津）・神戸と新門司を結ぶ阪九フェリー（神戸☎078-857-1211）なら九州に車で向かえるなどのメリットがある。

●旅行会社のフリープランもチェック

九州までの交通と、現地での宿泊がセットになった旅行会社のフリープラン。現地では自由にまわれる上に、宿とキップを個別に申し込むより安い。各社からさまざまなプランが発売されているので、店頭のパンフレットやwebページを見て比べたい。

プランを選ぶ際には基本代金だけではなく、宿泊先に指定されているホテルのクラスや立地、出発日・時間による料金の変動、特典の有無やオプションの価格差にも注意。安く見えるプランでも、好みの条件にするための追加料金でかえって高くなることもある。

エリア内の交通

　長崎・福岡から周辺の都市への移動には、JRの特急列車や高速バスなどが利用できる。JR九州独自のお得なキップもあるし、各都市間を結ぶ高速バス路線も充実している。目的地までJRと高速バスの両方が出ている場合、鉄道が速くて運行が正確であるのに対し、バスは便数が多く料金が安いことが多い。本書掲載のエリアはおおむね鉄道、バスともアクセスしやすいが、1日で複数の町をまわる場合など、レンタカーが便利なことも。

長崎から

ハウステンボスへ

- 長崎→ハウステンボス（JR）：JR大村線快速「シーサイドライナー」 1時間16〜41分 1470円 ♪JR九州 050-3786-1717 ●1日14本運行
- 長崎→ハウステンボス（バス）：高速バス 1時間21分 1400円 ♪長崎県営バスターミナル 095-826-6221 ●土・日曜、祝日と12/29〜1/3、8/15のみ運行。1日2便。

福岡へ

- 長崎→博多（JR）：JR特急「かもめ」 1時間50分〜2時間11分 4710円 ♪JR九州 050-3786-1717 ●1日24本運行
- 長崎→博多（バス）：高速バス「九州号」 2時間19分〜3時間7分 2570円 ♪九州高速バス予約センター 092-734-2500／長崎高速バス予約センター 095-823-6155 ●1日63便運行

佐世保へ

- 長崎→佐世保（JR）：JR大村線快速「シーサイドライナー」 1時間44分〜2時間9分 1650円 ♪JR九州 050-3786-1717 ●1日14本運行
- 長崎→佐世保（バス）：高速バス 1間25〜42分 1500円 ♪西肥バス 0956-23-2121（佐世保バスセンター） ●1日26便

有田へ

- 長崎→有田：JR快速「シーサイドライナー」+特急「みどり」、特急「ハウステンボス」+普通 1時間38分〜2時間29分 1650円〜2470円 ♪JR九州 050-3786-1717 ●「みどり」と普通には早岐で、「ハウステンボス」にはハウステンボスで乗り換え

嬉野へ

- 長崎→嬉野：高速バス「九州号」 1時間9分 1600円 ♪九州高速バス予約センター 092-734-2500／長崎高速バス予約センター 095-823-6155 ●1日4便運行（行き先は博多）

ハウステンボスから

佐世保へ

- ハウステンボス→佐世保（JR）：JR快速「シーサイドライナー」 19〜29分 280円 ♪JR九州 050-3786-1717 ●1日15本運行
- ハウステンボス→佐世保（バス）：直通バス 32〜55分 580円 ♪西肥バス 0956-23-2121（佐世保駅バスセンター） ●1日25〜29便運行

福岡へ

- ハウステンボス→博多：JR特急「ハウステンボス」 1時間47〜51分 3880円 ♪JR九州 050-3786-1717 ●平日4〜5本運行（休日、GW、夏休み増便あり）

福岡から

佐世保へ

- 博多→佐世保：JR特急「みどり」 1時間42〜58分 3880円 ♪JR九州 050-3786-1717 ●1日16本運行

福岡から

佐世保へ
博多→佐世保
高速バス ⏱ 2時間10分〜23分 ¥2260円
♪ 九州高速バス予約センター 092-734-2727／西肥高速バス予約センター 0956-25-8900 ●1日34〜35便運行

伊万里へ
博多→伊万里
高速バス「いまり号」 ⏱ 1時間50〜59分 ¥2060円
♪ 昭和自動車伊万里支所 0955-23-4184
●1日17便(うち4〜5便は福岡空港発着、2060円)運行

嬉野へ
博多→嬉野
高速バス「九州号」 ⏱ 2時間5分 ¥1900円
♪ 九州高速バス予約センター 092-734-2500／長崎高速バス予約センター 095-823-6155 ●1日4便運行(行き先は長崎)

唐津へ
博多→唐津
地下鉄+JR筑肥線 ⏱ 1時間11〜31分 ¥1140円
♪ JR九州 050-3786-1717 ●JR筑肥線は1時間に3〜6本、地下鉄直通は1日21〜23本、その他は筑前前原駅で乗り換え。

博多→唐津
高速バス「からつ号」 ⏱ 1時間29分 ¥1030円
♪ 昭和自動車唐津営業所 0955-74-1121
●1日35〜36便運行

佐世保から

有田へ
佐世保→有田
JR佐世保線シーサイドライナー+普通 ⏱ 28〜48分 ¥460円(特急は26〜37分・1280円) ♪ JR九州050-3786-1717
●普通は直行4本+早岐接続便11本、特急は15本。

佐世保→有田
バス ⏱ 48分 ¥830円
♪ 西肥バス 0956-23-2121(佐世保バスセンター)
●平日1便12:12に運行

伊万里へ
佐世保→伊万里
バス ⏱ 1時間〜1時間10分 ¥1100円
♪ 西肥バス 0956-23-2121(佐世保バスセンター)
●1日8便運行

平戸へ
佐世保→平戸桟橋
バス ⏱ 1時間32〜40分 ¥1500円
♪ 西肥バス 0956-23-2121(佐世保バスセンター)
●1日18便運行

嬉野へ
佐世保→嬉野温泉
バス ⏱ 1時間2〜10分 ¥1150円
♪ 西肥バス 0956-23-2121(佐世保バスセンター)
●1日12〜13便運行

有田から

伊万里へ
有田→伊万里
松浦鉄道 ⏱ 23〜29分 ¥460円
♪ 松浦鉄道 0956-25-3900
●1日26本運行

伊万里から

平戸へ
伊万里→たびら平戸口→平戸桟橋
松浦鉄道+西肥バス ⏱ 1時間30〜50分 ¥1490円 ♪ 松浦鉄道 0956-25-3900／西肥バス 0956-23-2121 ●松浦鉄道は1日14本運行。駅から徒歩5分の平戸口桟橋からバスに乗車、1時間に1〜3本程度の運行。

唐津へ
伊万里→唐津
JR筑肥線+唐津線普通 ⏱ 49〜58分 ¥650円
♪ JR九州 050-3786-1717
●1日9本運行

伊万里→唐津
バス ⏱ 50分 ¥1030円
♪ 昭和バス 0955-73-7511
●1日10便(土・日曜 祝日8便)運行

※2018年4月現在のものです。また、閑散期か繁忙期の違いや、チケットの早期購入割引、座席の種類などによっても、上期の料金とは異なる場合がありますので、最新の情報を関係各社へお問い合わせください。

旅の準備のアドバイス

HINT
エリア内の移動術

●高速バス&鉄道を活用する
九州北部には魅力的な町が点在している。こうした町を周遊する時に威力を発揮するのが、高速バスとJRをはじめ各種鉄道だ。どちらも往復で買うと運賃が割引きになるサービスがある。本数が多く、時間もそれほどかからないし、運賃も安い。高速バスは、九州内11社の高速バス運行会社が共同で設置している「@バスで」(下記参照)で予約できる。ひんぱんに利用するなら、乗り放題のパスも検討してみよう。

●割安の高速バスフル活用術
「@バスで」という名の九州の高速バス専用のサイトがある。ここにアクセスすれば、高速バスを運行している九州内17社のすべての路線、時刻表、運賃などがわかる。ネット上での予約ももちろん可能。3日間、高速・路線バスが乗り放題になる「SUNQパス」は、北部九州タイプで8000円とかなりお得。バスを利用して旅したい人にはぴったりのチケットだ。

●九州高速バス予約センター
☎0120-489-939　http://www.atbus-de.com/

●特急回数券を利用する
JR九州が独自に発売している特急回数券は、JRを利用する時にお得なきっぷ。乗車券と特急券がセットになったきっぷで、「2枚きっぷ」「4枚きっぷ」の2種類ある。長崎〜佐世保、福岡〜ハウステンボスなどいろいろな都市間にあり、かなり割安。例えば、長崎〜博多の2枚きっぷは6180円。1枚あたり3090円と正規運賃の4710円よりかなり安い。4枚なら1枚2750円とさらに安い。往復で使えるし、グループで利用することもできる。

●ハウステンボスアクセスきっぷを利用する
JR九州が、福岡市内を除く九州各地からのアクセスきっぷを発売。往復乗車券と特急指定席などが利用でき、例えば北九州市内からだと7710円と、乗車券や特急券を個別に買うよりかなりお得となっている。また福岡市内からだと乗車券+特急指定席が使える2枚きっぷが便利。5040円でこちらも割安だ。

HINT
レンタカーを利用する

長崎から福岡にかけての本書の掲載エリアは、鉄道、バスともに利用しやすいが、小さな町と町を結んで短時間で回ろうとする場合には、レンタカーを利用するのが便利だ。

●いつ、どこで申し込む?
旅行会社のフリープランを利用する場合は、オプションのレンタカーを申し込むと手軽で割安。JRと組み合わせて利用するなら「レール&レンタカー」がお得。JR通算201km以上、JR券と同時に購入するなどの条件があるが、同乗者全員のJRの運賃が2割引、繁忙期などを除いて特急・急行料金が1割引き、レンタカーもAクラス以上が割引となる。また、JR九州だけで限定発売している「JR乗割りレンタカープラン」もある。JR九州内の新幹線・特急券を提示するだけで利用でき、1日4500円〜と安いうえに、九州同一県内の乗り捨てが無料。JR九州主要駅の駅レンタカー、みどりの窓口、駅旅行センター、JR九州のサイトなどで申し込める。

宿泊ガイド

旅館の宿泊料金は、原則として平日・大人2名1室2食付き利用での1名の料金を税・サ込みで紹介しています。休前日・特定日等の場合や宿泊人数によって料金が異なる場合がありますので、予約の際に必ず確認してください。

ホテルの室料は Ⓢ（シングル1人利用）、Ⓣ（基本的にスタンダードツイン2人利用）、Ⓦ（基本的にスタンダードダブル2人利用）の料金を表記しています。

長崎	長崎駅駅周辺 ザ・ホテル長崎BW プレミアコレクション	☎095-821-1111／地図p.21-D／Ⓦシングルユース9400円〜、Ⓣ1万7400円〜／●客室は181室。2食付きプランあり。
	南山手 ANAクラウンプラザ ホテル長崎グラバーヒル	☎095-818-6601／地図p.24-E／Ⓢ8154円〜、Ⓣ1万3320円〜／●客室は216室。
	長崎駅前 ホテルニュー長崎	☎095-826-8000／地図p.22-B／Ⓣシングルユース9000円〜、Ⓣ1万3000円〜、和室1室5万3460円、朝食2600円／●客室は153室。朝食付きプランあり。
	新地周辺 ホテルJALシティ長崎	☎095-825-2580／地図p.22-J／Ⓢ6000円〜、Ⓣ1万2500円〜（朝食付き）／●客室は170室。
	新地 長崎ワシントンホテル	☎095-828-1211／地図p.22-J／Ⓢ4700円〜、Ⓣ6400円〜／●客室は300室。
	浜町周辺 ビクトリア・イン長崎	☎095-828-1234／地図p.23-K／Ⓢ5400円〜、Ⓣ1万2800円〜（税・サ別）／●客室は87室。
	東山手 ホテルニュータンダ	☎095-827-6121／地図p.24-F／Ⓢ5400円〜、Ⓣ1万800円〜／●客室は131室。
	東山手 ホテルモントレ長崎	☎095-827-7111／地図p.24-F／Ⓢ5400円〜、Ⓣ1万1000円〜／●客室は123室。
	南山手 セトレグラバーズハウス長崎	☎095-827-7777／地図p.24-I／Ⓣシングルユース9000円〜（朝食付き）、Ⓣ1万8000円〜（朝食付き）／●客室は23室。
	風頭山 矢太樓・矢太樓南館	☎095-828-1111／地図p.23-L／2食付き1人1万134円〜／●客室は184室。
	稲佐山中腹 稲佐山観光ホテル	☎095-861-4151／地図p.21-C／2食付き1人1万4040円〜（サ込・税別）／●客室は170室。
島原・雲仙・小浜	島原 ホテル南風楼	☎0957-62-5111／地図p.61／2食付き1人8800円〜／●客室は89室。日の出の見える露天風呂あり。
	雲仙温泉 雲仙観光ホテル	☎0957-73-3263／地図p.63-A／2食付き1人3万4560円〜／●客室は39室。1935(昭和10)年に外国人避暑客のために建てられたホテル。
	雲仙温泉 雲仙宮崎旅館	☎0957-73-3331／地図p.63-A／2食付き1人1万6200円〜／●客室は98室。多くの文人に愛されてきた格式高い純和風の宿。
	雲仙温泉 九州ホテル	☎0957-73-3234／地図p.63-A／2食付き1人3万240円〜／●客室は25室。露天風呂から地獄の噴煙を見ることができる。2018年5月リニューアル。
	小浜温泉 旅館山田屋	☎0957-75-0505／地図p.127-K／2食付き1人8640円〜／●客室は14室。総檜作りの展望露天風呂あり。立ち寄り湯 内湯500円、露天風呂800円。
	小浜温泉 春陽館	☎0957-74-2261／地図p.127-K／2食付き1人8640円〜（サ込・税別）／●客室は41室。
佐世保	佐世保駅周辺 佐世保ワシントンホテル	☎0956-32-8011／地図p.84／Ⓢ4300円〜、Ⓦ7800円〜、Ⓣ1万800円〜／●客室は190室。朝食付きプランあり。
	佐世保駅周辺 ホテルリソル佐世保	☎0956-24-9269／地図p.84／セミダブルのシングルユース4200円〜、Ⓣ1万400円〜／●客室は152室。朝食付きプランあり。

宿泊ガイド

119

佐世保	サンプラザ周辺 クインテッサホテル佐世保	☎0956-24-0200／地図p.84／Ⓢ7000円～、Ⓦ8000円～、Ⓣ9000円～●客室は162室。各種優待プランあり。
	四ヶ町周辺 ホテルサンルート佐世保	☎0956-26-0505／地図p.84／Ⓢ5000円～、Ⓦ8800円～、Ⓣ1万500円～（朝食付き）●客室は106室。2食付き、朝食付きプランあり。
	四ヶ町周辺 セントラルホテル佐世保	☎0956-25-0001／地図p.84／Ⓢ4100円、Ⓣ9000円～、Ⓦ9000円～（朝食付き）／●客室は166室。2食付きプランあり。
	佐世保駅周辺 佐世保グリーンホテル	☎0956-25-6261／地図p.84／Ⓢ5370円～、Ⓣ1万円～（朝食付き）／●客室は74室。ネット予約割引あり。
	弓張岳 弓張の丘ホテル	☎0956-26-0800／地図p.124-I／Ⓣ1万3300円～、シングルユース5650円～、Ⓦ1万3300円～／●客室は105室。食事付きプランあり。
平戸	平戸桟橋周辺 国際観光ホテル旗松亭	☎0950-22-3191／地図p.90-A／1泊2食付き9750円～／●客室は90室。平戸港を見下ろす高台に建つ。立ち寄り湯600円。
	平戸桟橋周辺 平戸海上ホテル	☎0950-22-3800／地図p.90-A／1泊2食付き8640円～／●客室は117室。立ち寄り湯600円。ホテルの庭で魚釣りも楽しめる。
	岩の上町 ホテル彩陽WAKIGAWA	☎0950-23-2488／地図p.90-B／1泊2食付き1万960円～／●客室は34室。旅亭平戸彩月庵と同じ経営。
	新町 ビジネスホテル平戸	☎0950-22-4477／地図p.90-B／Ⓢ5600円、Ⓣ9600円、Ⓦ1万600円／●客室は40室。バス停が前にあり便利。
	千里ケ浜 平戸千里ケ浜温泉ホテル蘭風	☎0570-550-480／地図p.122-F／1泊2食付き8100円～／●客室は150室。西九州最大の露天風呂あり。
嬉野温泉	嬉野温泉郊外 大正屋	☎0954-42-1170／1泊2食付き2万520円～／●客室は75室。立ち寄り湯は四季の湯のみで1100円。
	嬉野温泉中心部 吉田屋	☎0954-42-0026／1泊2食付き1万3500円～ ●客室は15室。立ち寄り湯のSento Yoshidaya1000円。隠れ家的宿。
	嬉野温泉中心部 ホテル華翠苑	☎0954-42-2111／1泊2食付き1万584円～ ●客室は62室。空中露天風呂などの立ち寄り湯1000円。
	嬉野温泉中心部 萬象閣敷島	☎0954-43-3135／1泊2食き1万8500円～ ●客室は34室。立ち寄り湯800円。
唐津	唐津城周辺 水野旅館	☎0955-72-6201／地図p.109-A／1泊2食付き2万1600円～　●客室は8室。唐津を代表する老舗旅館のひとつ。夜の会席料理は要予約8316円。
	唐津市中心部 唐津第一ホテル	☎0955-74-1000／地図p.109-A／Ⓢ5700円、Ⓣ1万800円～／●客室は126室。朝食無料サービス。
	虹の松原 唐津ロイヤルホテル	☎0955-72-0111／地図p.109-B／Ⓢ6000円～、Ⓣ1万5200円～／●客室は206室。展望温泉あり。
	虹の松原 唐津シーサイドホテル	☎0955-75-3300／地図p.109-B／1泊2食付き9720円～ ●客室は44室。温泉大浴場あり。

嬉野温泉・大正屋

平戸・平戸海上ホテル

唐津・水野旅館の水野の門

さくいん

あ
- あいあい通り … 105
- アリタセラ(Arita Será) … 101
- 有田陶磁美術館 … 101
- 泉山口屋番所跡 … 95
- 泉山磁石場跡 … 103
- 稲佐山山頂 … 34
- 一本柱鳥居 … 43
- 祈りの丘 絵本美術館 … 40
- 今右衛門古陶磁美術館 … 100
- 伊萬里神社 … 105
- 梅園身代わり天満宮 … 27
- 浦上天主堂 … 42
- 嬉野温泉 … 96
- 嬉野川遊歩道 … 97
- 雲仙地獄巡り … 64
- 雲仙ロープウェイ … 64
- 大浦天主堂 … 38
- 大川内山(鍋島藩窯公園) … 105
- 小浜歴史資料館 … 66
- オランダ坂 … 40

か
- 海上自衛隊佐世保史料館 … 85
- 柿右衛門窯 … 100
- 風頭公園 … 35
- がまだすドーム … 66
- 唐津城 … 109
- 唐津神社 … 110
- 祈念坂 … 40
- 旧ウォーカー住宅 … 38
- 旧オルト住宅 … 39
- 旧グラバー住宅 … 39
- 旧自由亭 … 39
- 旧スチイル記念学校 … 39
- 旧長崎高商表門衛所 … 38
- 旧長崎地方裁判所長官舎 … 38
- 旧香港上海銀行長崎支店記念館 … 40
- 旧三菱第2ドックハウス … 38
- 旧リンガー住宅 … 39
- 九十九島 … 85

- 九十九島パールシーリゾート … 85
- グラバー園 … 38
- グラバースカイロード … 31
- 軍艦島(端島) … 37
- 原爆落下中心地 … 42
- 鯉の泳ぐまち(島原) … 62
- 公衆浴場シーボルトの湯 … 97
- 興福寺 … 33
- 香蘭社 陶磁器・古陶磁陳列館 … 101

さ
- 最教寺 … 91
- 幸橋(オランダ橋) … 89
- 佐賀県立九州陶磁文化館 … 100
- 崎方公園 … 88
- 佐世保公園 … 84
- 佐世保バーガー … 86
- さるくしてぃ403 … 84
- 四海樓(ちゃんぽん) … 45
- 史跡料亭 花月(しっぽく料理) … 47
- しっぽく … 46
- シーボルト記念館 … 33
- シーボルトの足湯 … 97
- 島原城 … 61
- 新地(中華街) … 36
- 陶山神社 … 101
- 諏訪神社 … 32
- 崇福寺 … 35
- 聖フランシスコ・ザビエル記念聖堂 … 91

た
- 高島秋帆旧宅 … 27
- 武雄温泉 … 97
- ちゃんぽん … 44
- 出島 … 36
- 天后堂 … 26
- 陶器商家資料館 … 105
- 唐人墓(伊万里) … 94
- 唐人屋敷跡 … 36
- 陶祖李参平碑 … 103
- 豊玉姫神社 … 98
- トンバイ塀の裏通り … 103

な
- 中里太郎右衛門陶房 … 109
- 長崎原爆資料館 … 42

- 長崎県美術館 … 37
- 長崎孔子廟・中国歴代博物館 … 41
- 長崎市亀山社中記念館 … 34
- 長崎伝統芸能館 … 39
- 長崎凧資料館 … 29
- 長崎歴史文化博物館 … 32
- 中の茶屋 … 27
- 鍋島藩窯公園 … 105
- 波の湯「茜」 … 65
- 仁田峠 … 64
- 日本二十六聖人殉教地 … 32
- 如己堂・永井隆記念館 … 43

は
- ハウステンボス … 68
- 浜町アーケード … 35
- 東山手十二番館 … 41
- 東山手洋風住宅群 … 41
- 平戸オランダ商館 … 90
- 平戸温泉うで湯あし湯 … 88
- 平戸城 … 91
- 深川製磁参考館 … 101
- 福砂屋本店(カステラ) … 58
- 武家屋敷跡(島原) … 62
- 福建会館 … 26
- ふるさと会館アルビノ … 109
- ベイエリア(長崎港) … 37
- ヘイフリ坂 … 28
- 平和公園(長崎) … 42
- ほっとふっと105 … 65

ま
- 松浦史料博物館 … 90
- マリア園 … 31
- マリンパル呼子 … 112
- 南山手地区町並み保存センター … 31
- 南山手レストハウス … 40
- みやんちょ商店街 … 90
- 眼鏡橋 … 32

や・ら・わ
- 吉野ケ里遺跡 … 106
- 吉宗(茶碗蒸) … 50
- 呼子朝市&ひもの市 … 112
- 龍馬通り … 34

エリア別インデックス(さくいん)

121

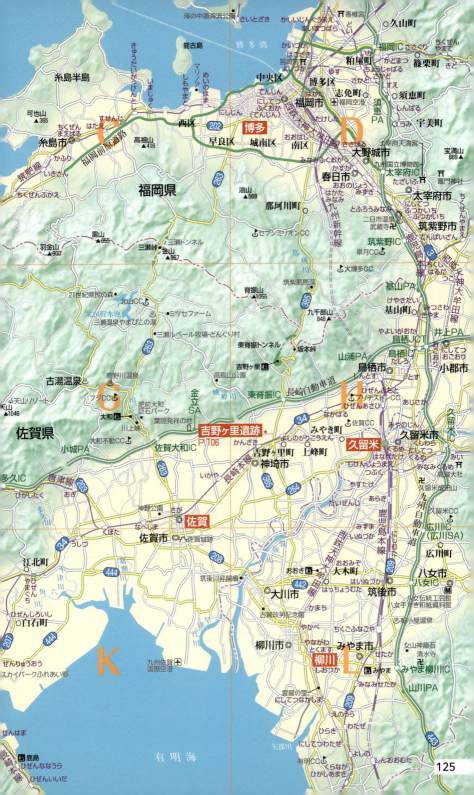

制作スタッフ			ブルーガイド てくてく歩き 14
			長崎・ハウステンボス・有田・伊万里
取材・執筆・編集	最上真美子　守屋　浩		
	（企画編集事務所M²）		2018年7月10日 第8版第1刷発行
	高砂雄吾　横山　透		
	横山和希　浅石久美子	編　集	ブルーガイド編集部
	（有限会社ハイフォン）	発行者	岩野裕一
		印刷・製本所	大日本印刷株式会社
	北野容子	DTP	株式会社 千秋社
写真	企画編集事務所M²	発行所	株式会社 実業之日本社
	北野容子		〒153-0044
	高砂雄吾		東京都目黒区大橋1-5-1
	松尾順造		クロスエアタワー8階
編集協力	株式会社 千秋社	電話	編集・広告 03-6809-0452
	舟橋新作		販売　　　 03-6809-0495
			http://www.j-n.co.jp/
写真協力	ハウステンボス株式会社		
	©ハウステンボス／J-13857		
	長崎県東京事務所		
	今右衛門窯		
	史跡料亭「花月」		
	JR九州（九州旅客鉄道株式会社）		
カバーデザイン	寄藤文平＋鈴木千佳子（文平銀座）		
イラスト			
（カバー＋てくちゃん）	鈴木千佳子		
本文デザイン設計	浜名信次（BEACH）		
地図制作	株式会社 千秋社		
	オゾングラフィックス		
Special Thanks to	ハウステンボス株式会社		
	社団法人長崎国際観光コンベンション協会		
	長崎県東京事務所		
	長崎市東京事務所		
	社団法人佐賀県観光連盟東京事務所		

●実業之日本社のプライバシーポリシーは上記のサイトをご覧ください。

●本書の地図の作成に当たっては、国土地理院長の承認を得て、同院発行の50万分の1地勢図、20万分の1地図図、5万分の1地形図、2万5千分の1地形図、1万分の1地形図及び数値地図50mメッシュ（標高）を使用したものである。（承認番号 平12総使、第19号〈p.122～127〉、第409号）

●本書の一部あるいは全部を無断で複写・複製（コピー、スキャン、デジタル化等）・転載することは、法律で定められた場合を除き、禁じられています。また、購入者以外の第三者による本書のいかなる電子複製も一切認められておりません。

●落丁・乱丁（ページ順序の間違いや抜け落ち）の場合は、ご面倒でも購入された書店名を明記して、小社販売部あてにお送りください。送料小社負担でお取り替えいたします。ただし、古書店等で購入したものについてはお取り替えできません。

●定価はカバーに表示してあります。

©Jitsugyo no Nihon Sha, Ltd. 2018 Printed in Japan

ISBN978-4-408-05742-2 (BG)